日本と世界の実力がわかる資源の本

マグロ、石油、レアメタルから環境技術まで

世界博学倶楽部

PHP文庫

○本表紙図柄＝ロゼッタ・ストーン（大英博物館蔵）
○本表紙デザイン＋紋章＝上田晃郷

はじめに

2008年、日本ではガソリンや食品、日用品などの値上げラッシュが続いた。ガソリン価格は1リットル＝180円台にまで値上がりし、日本人の国民食ともいえるカップめんが17年ぶりに一斉値上げとなるなど、さまざまなモノの価格が上昇して家計を脅《おびや》かした。

こうした現象がなぜ起こったのかというと、そこには資源が大きく関わっている。原油市場が投機マネーのターゲットとなったために石油は天井知らずの高騰を見せ、小麦などの穀物は新興国での需要増やバイオエタノールという新たに登場した燃料の原材料としての需要の高まりによって供給不足に陥《おちい》ったのだ。

われわれの日々の暮らしに影響を与えている資源は、現在、世界経済を動かすもっとも重要な因子になっている。工場で製品を生産するのも、畑で農作物をつくるのも、自動車を走らせるのも、資源がなければ不可能だからである。

だが、埋蔵している資源は地域的・量的に偏《かたよ》りがあり、もてる国ともたざる国とで経済発展に大きな差が生じる。中国やロシアが石油や天然ガス、レアメタルといった自国の豊富な資源を利用して目覚ましい経済成長を遂げる一方、天然資源に乏《とぼ》しく、その多くを外国からの輸入に頼っている日本の経済は苦戦続き。日本は世界各国との資源争奪戦のなかで、政府首脳が外交交渉を行なったり、主要国で最低レベルにある食料自給率を上げるべく努力しているが、あまり良い結果が出せずにいる。

では、そもそも資源はどこでどれくらいの量が採れるのか。あと何年利用できるのか――。そんな疑問に答えたのが本書である。

本書では、石油、石炭などの燃料・鉱物資源や小麦、大豆、米、マグロなどの食料・水産資源、そして木材、バイオエタノールなどの環境資源といった、われわれの生活になじみのある資源を各カテゴリーに分類し、世界各国の生産量や消費量の現状を紹介している。さらに、近年ニュースなどで取り上げられることの多い資源紛争の具体例についても併せて掲載している。

資源の現状を把握することは、今後の世界の動きを把握するうえで必要不可欠といえよう。本書を読んで、資源に関する理解を深めていただければ幸いである。

世界博学倶楽部

日本と世界の実力がわかる資源の本

★

目次

はじめに　3

第1章　資源にまつわる素朴な疑問

その1　石油の寿命はあとどれくらいか？
埋蔵量は増加しており、あと40年は利用可能　14

その2　原油価格が高騰し続けたのはどうしてか？
もっとも大きな原因は投機マネーにあった！　18

その3　金属資源にはどんな種類があるのか？
鉄と非鉄金属に分けられる　22

その4　レアメタルはどこでどれくらい採れるのか？
中国やロシアなど、産出国は一部に限られる　26

その5　バイオ燃料は石油の代替燃料になり得るのか？
普及が進めば、石油に取って代わるかも　30

その6　世界的な食料価格の高騰の原因は？
石油同様、投機マネーの影響が大きい　34

その7　将来、日本の食卓から魚が消える？

その8 **地下資源が紛争の火種になっているって本当？**
魚食文化を守るには、水産資源の保護が必要 38
世界各地で資源戦争がはじまっている！ 42

第2章 資源をめぐる各国の思惑

BRICs 豊富な資源をもつ4カ国が今後の世界をリードする 48
資源メジャー M&Aでみるみる巨大化！ 各業界を支配する巨大企業の内幕 52
ロシア・ノルウェー等 北極海で沿岸各国による資源争奪戦がはじまった！ 56
中南米諸国 資源を国有化し、アメリカに対抗する国々の意図は？ 59
ロシア チェチェンの独立要求をかたくなに拒み続ける理由とは？ 63
日本・中国等 島国の日本にも存在する、資源の絡んだ領土問題 67
中国・ベトナム等 南シナ海で繰り広げられる海底資源の領有権争い 71
日本・ロシア ロシアに横やりを入れられた「サハリンII」プロジェクト 74
インドネシア 資源収益をめぐり、紛争が絶えない東南アジアの多民族国家 78
イラク 深刻化する北部の油田地帯キルクークの帰属問題 81
アメリカ・中国 スーダンの石油利権を求めて繰り広げられる米中の代理戦争 85

第3章 時代を動かす燃料・鉱物資源

石油① 「OPEC」はどんな役割を果たしているのか? 90
石油② 日本にも石油の産出する場所がある! 93
オイルサンド 期待の石油代替資源はどこにあるのか? 96
天然ガス ガス戦争勃発か!? 「ガス版OPEC」の問題点とは? 99
メタンハイドレート 開発に成功すれば、日本は資源大国に! 103
石炭 温暖化問題の逆風のなか、復権を果たせるのか? 106
ウラン 原発ブームで脚光を浴び、価格が高騰 110
鉄 資源メジャーに寡占される現代文明の土台 114
銅 銅ケーブルや電線の盗難が頻発した理由とは? 118
ボーキサイト アルミニウムの原料は、かつてレアメタルだった! 122
金 価格に世相があらわれる? 世界共通の価値をもつ貴金属 126
ダイヤモンド デビアス社の独占システムが崩壊しはじめた! 130
プラチナ 宝飾用になくてはならない「近代の貴金属」 134

第4章 生活に直結する食料・水資源

小麦 価格急騰の裏に潜む新興国での需要増と不作 138
トウモロコシ バイオ燃料への転換が進み、食用が品薄に！ 142
大豆 遺伝子組み換え大豆の増加で、懸念される安全面の問題 145
米 主食の座を追われかけている〝日本人の心〟 148
マグロ 違法マグロが大量に日本市場に出回っているって本当？ 152
ウナギ 稚魚の漁獲量規制によって、将来ウナ丼が食べられなくなる？ 156
エビ 日本人の大好物が森林破壊を引き起こしている!? 159
カニ 日本のカニ食文化は、ロシアマフィアが支えていた？ 162
タコ モロッコ沖のタコを激減させたタコ焼き好きな日本人 164
クジラ 捕鯨禁止で大打撃！ 日本人にとって魅力的な食料資源 166
コーヒー 消費量拡大の裏に潜む生産国の悲劇とは？ 170
水 地球で利用可能な水はたったの0・1％ 174

第5章　文明が生んだ環境・技術資源

バイオエタノール　なんと、バイオ燃料が食料価格高騰の犯人だった!?　180
原子力発電　原子力抜きにエネルギーの安定供給は不可能なのか？　184
プルサーマル計画　燃え残りの核燃料を利用するリサイクル計画　188
水素　二酸化炭素を排出せず、燃費もよい究極のクリーン燃料　191
風力エネルギー　ドイツの占める割合がとりわけ高い理由とは？　194
太陽エネルギー　タダで際限なく使えて環境にやさしい！　注目度大の新エネルギー　197
排出権取引　温室効果ガスに値段のつく時代が到来した！　200
エコファンド　環境対策を講じる企業が新時代の勝利者に!?　204
都市鉱山　じつは、日本はレアメタルの宝庫だった!?　206
木材　1秒でサッカー場1面分の森林が消えているって本当!?　208
遺伝資源　自然保有国に求められる環境保護の必要性　212
参考文献　214

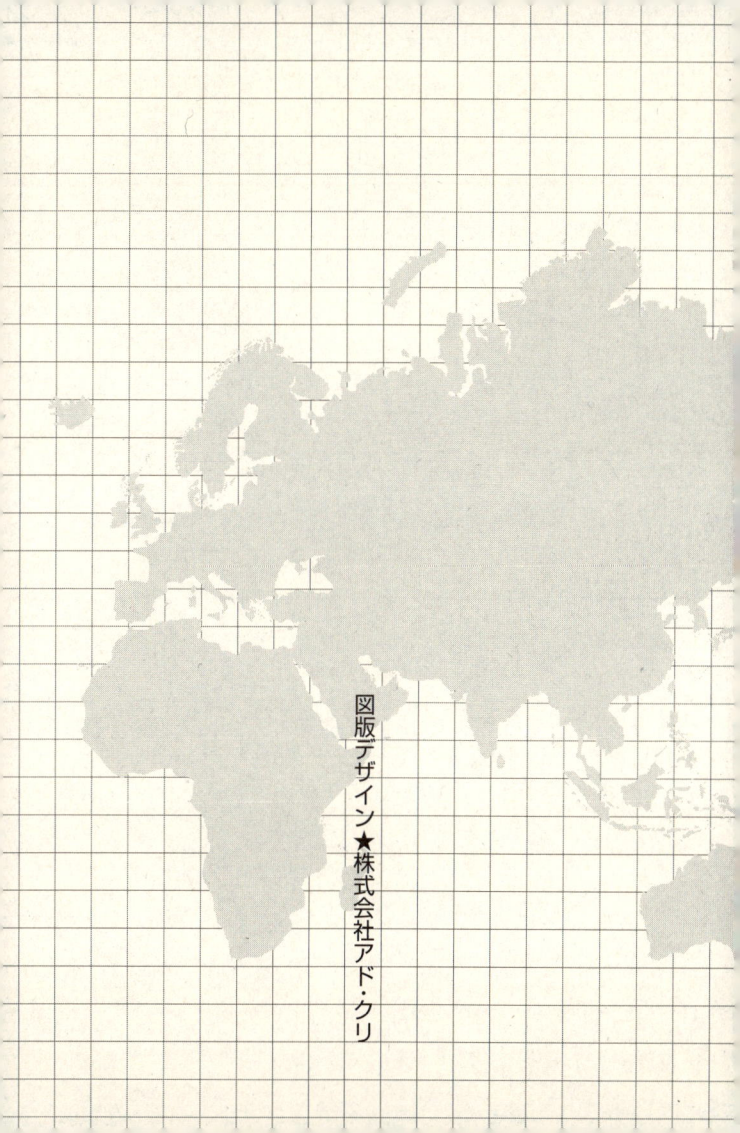

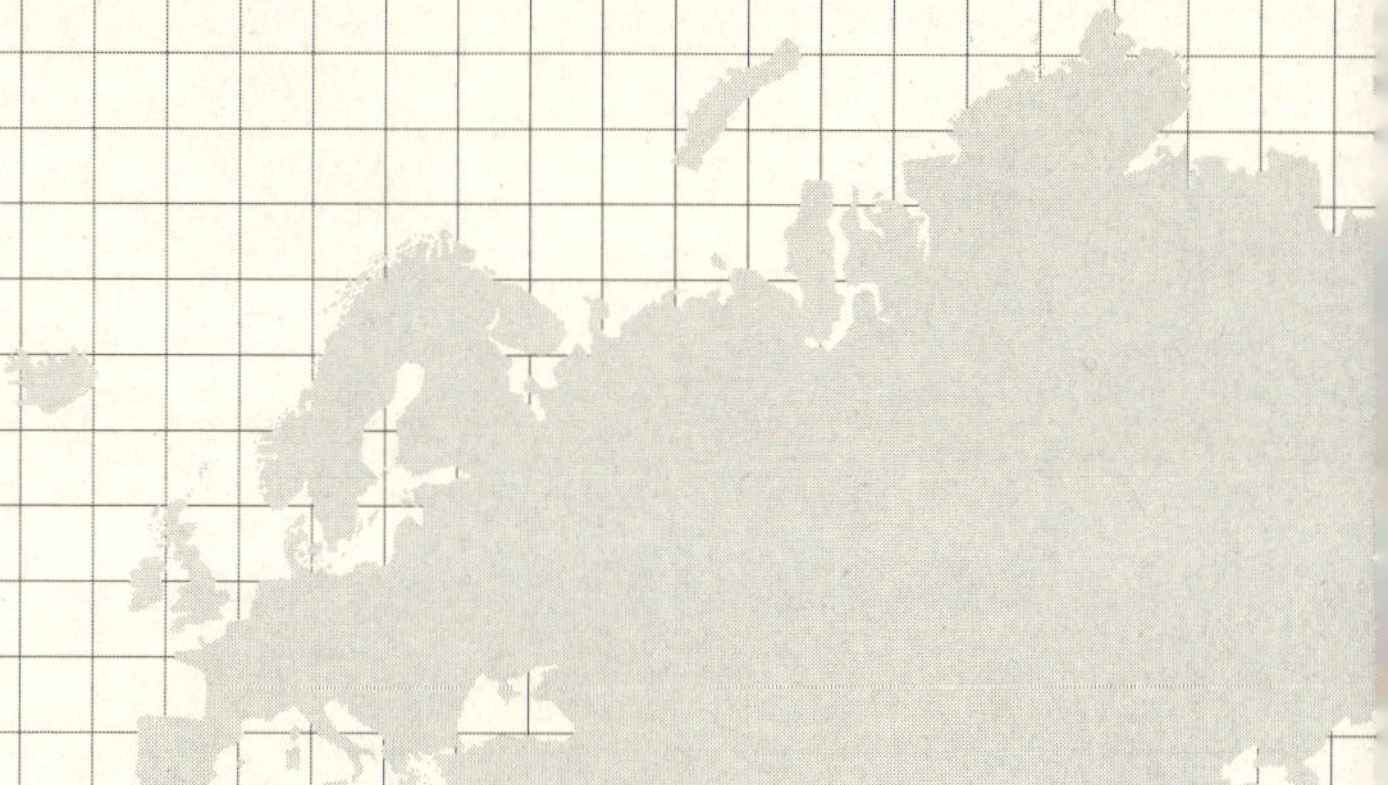

図版デザイン★株式会社アド・クリ

第 1 章

資源にまつわる素朴な疑問

その1

石油の寿命はあとどれくらいか？

埋蔵量は増加しており、あと40年は利用可能

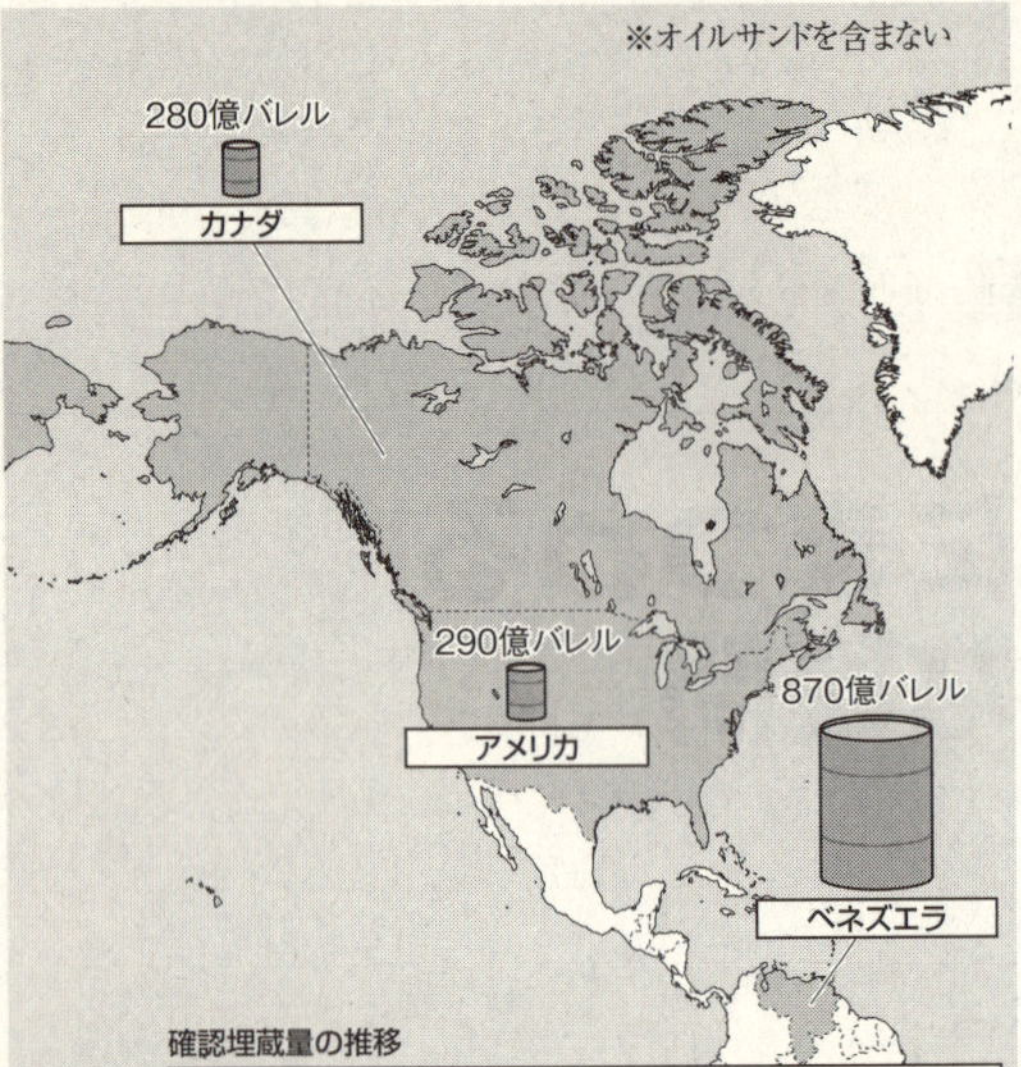
※オイルサンドを含まない
280億バレル
カナダ
290億バレル
アメリカ
870億バレル
ベネズエラ

確認埋蔵量の推移

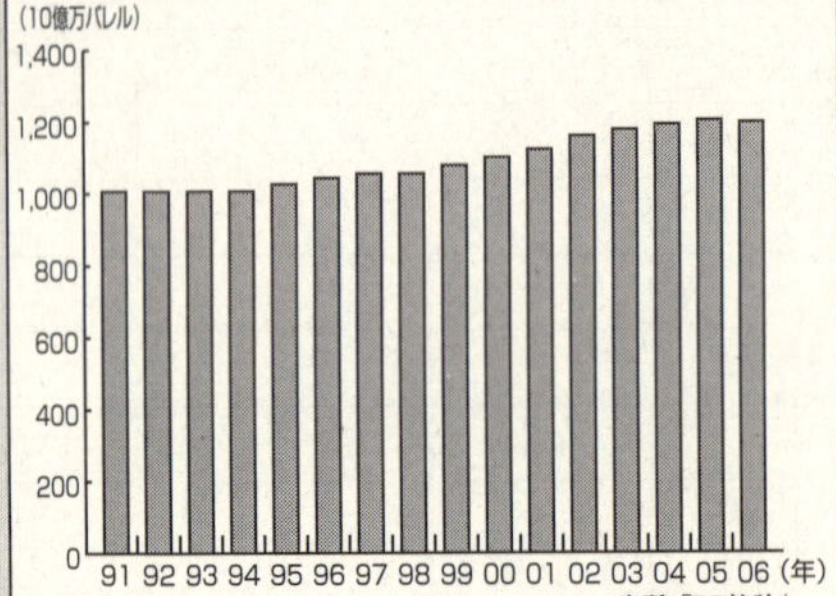
(10億万バレル)
1,400
1,200
1,000
800
600
400
200
0
91 92 93 94 95 96 97 98 99 00 01 02 03 04 05 06 (年)

出所:「BP統計」

埋蔵量が年々増えているのは、新しい油田が見つかったり、採掘技術が進歩しているからである。1970年代には「あと30年でなくなる」といわれていたのが、いまでは「あと40年くらいはもつ」と推測されている

世界の主要国の石油確認埋蔵量（2007年）

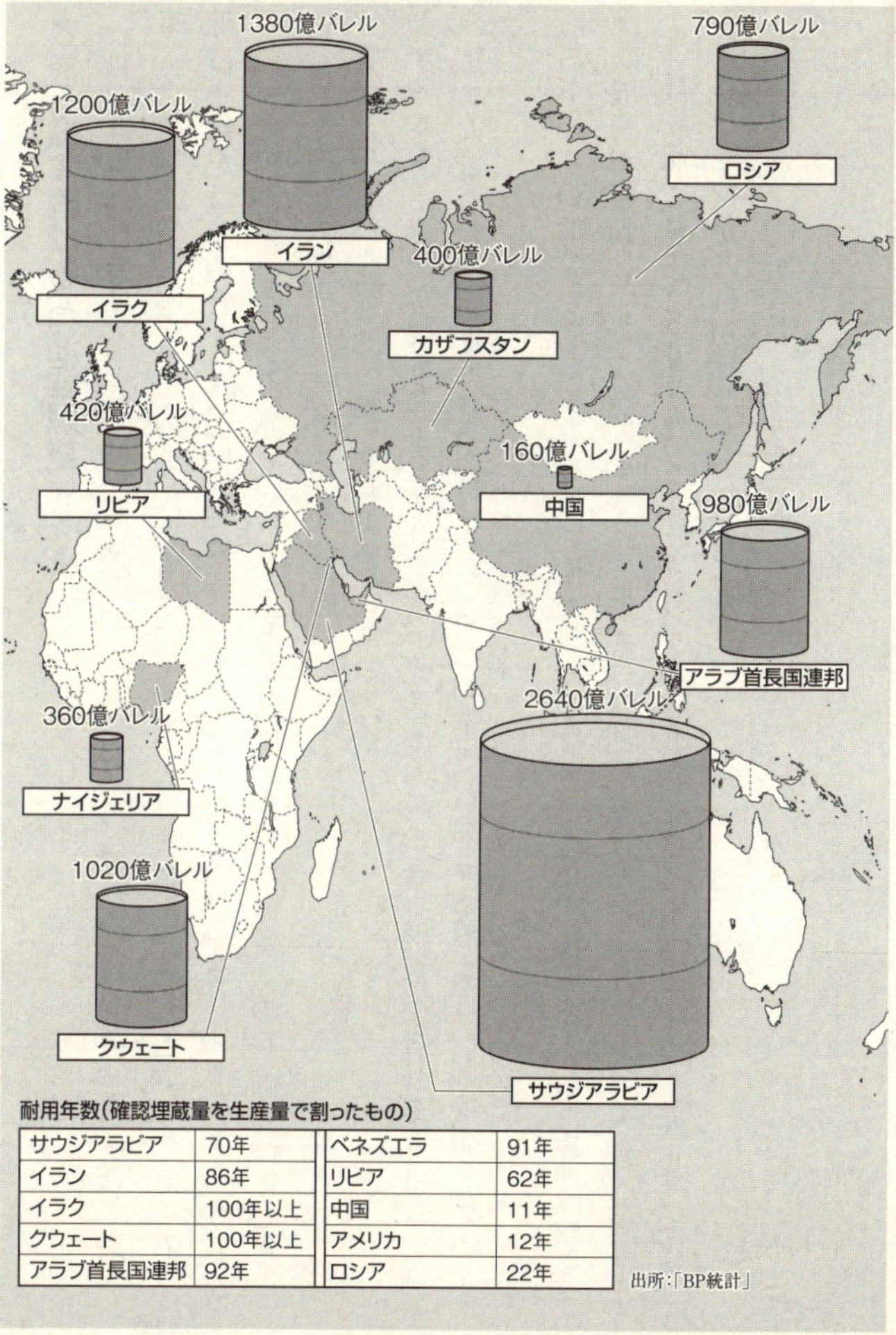

1380億バレル
イラン
790億バレル
ロシア
1200億バレル
イラク
400億バレル
カザフスタン
420億バレル
リビア
160億バレル
中国
980億バレル
アラブ首長国連邦
2640億バレル
サウジアラビア
360億バレル
ナイジェリア
1020億バレル
クウェート

耐用年数（確認埋蔵量を生産量で割ったもの）

サウジアラビア	70年	ベネズエラ	91年
イラン	86年	リビア	62年
イラク	100年以上	中国	11年
クウェート	100年以上	アメリカ	12年
アラブ首長国連邦	92年	ロシア	22年

出所：「BP統計」

★★★増え続ける石油埋蔵量★★★

石油は現代社会に不可欠なエネルギー資源である。だが、石油が発見されて以来、人類はこの資源をめぐって幾度も争いを繰り広げてきた。それというのも、石油は中東をはじめとする一部の地域でしか採掘されず、埋蔵量に限りがあるからだ。いつか必ず枯渇する日がやってくるとなれば、少しでも多くの石油を確保したいと思うのが人間の性《さが》というものだろう。

では、石油の埋蔵量はあとどれくらいあるのか。

オイルショックが起きた1970年代、先進国の科学者や経済学者の多くは「このまま大量消費、大量生産が続けば、あと30年で石油は枯渇する」と推測していた。

しかし、30年経《た》ったいまも石油は枯渇していない。近年、権威ある石油専門誌や国際機関が発表したところによると、世界の石油埋蔵量は約1兆2000億バレル（1日に必要な量は8500万バレル）あり、あと40年程度はもつという。枯渇するどころか、なぜか寿命が延びているのである。

★★★埋蔵量のトリックとは?★★★

石油の埋蔵量には正確な数値がないというトリックがある。石油の埋蔵量は不変と考えるかもしれないが、実際はそうではない。埋蔵量は「その時点で見つかっている油田から、その時点の技術で確実に採掘できる量」という前提条件にもとづいて算出される。つまり、新たな油田が発見されたり、採掘が困難な場所から汲《く》み上げる技術が進歩すれば、そのぶんだけ石油埋蔵量の寿命は延びるのである。

20世紀後半には、衛星を使って地中の構造を調査する方法が実用化されるなど、次々と新しい技術が開発された。それにより、中東以外でも北海やアラスカ、中南米、アフリカなどで多くの油田が見つかった。新たな油田が発見されれば、当然ながら埋蔵量は増えていく。技術の進歩が埋蔵量の増加につながったのだ。

かつて「あと数年のうちに世界の石油生産はピークに達し、原油価格は上昇。文明は危機に瀕《ひん》する」という「オイルピーク論」が話題になったことがある。1950年代、アメリカの研究者M・K・ハバートはアメリカの石油生産量は1970年頃がピークと予想した。だが、前述のとおり正確な石油埋蔵量は誰にもわからない。今後、深海や極地などの油田開発が進めば、石油埋蔵量はさらに増えることになる。

その2

原油価格が高騰し続けたのはどうしてか？

もっとも大きな原因は投機マネーにあった！

原油価格の推移

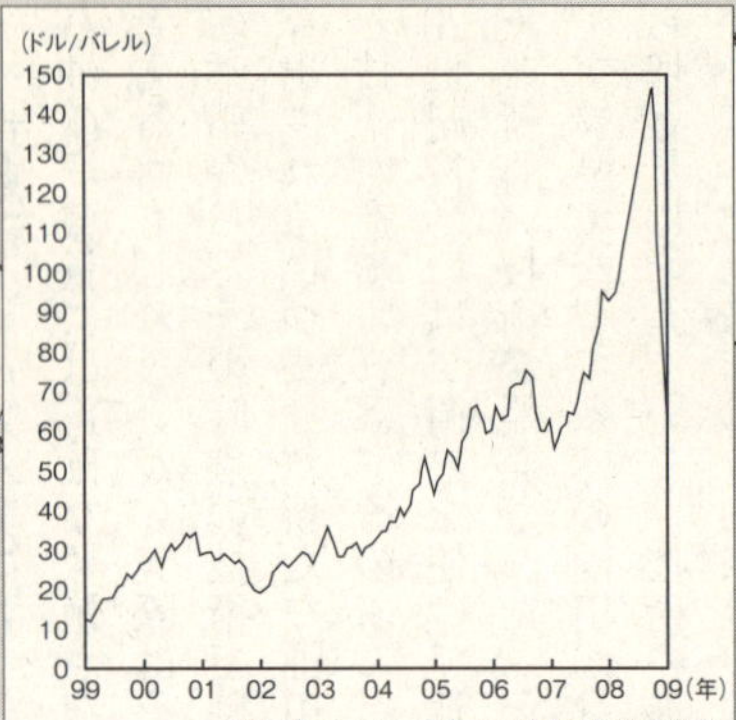
(ドル/バレル)
150
140
130
120
110
100
90
80
70
60
50
40
30
20
10
0
99
00
01
02
03
04
05
06
07
08
09(年)

出所:『エネルギー白書 2008年版』経済産業省

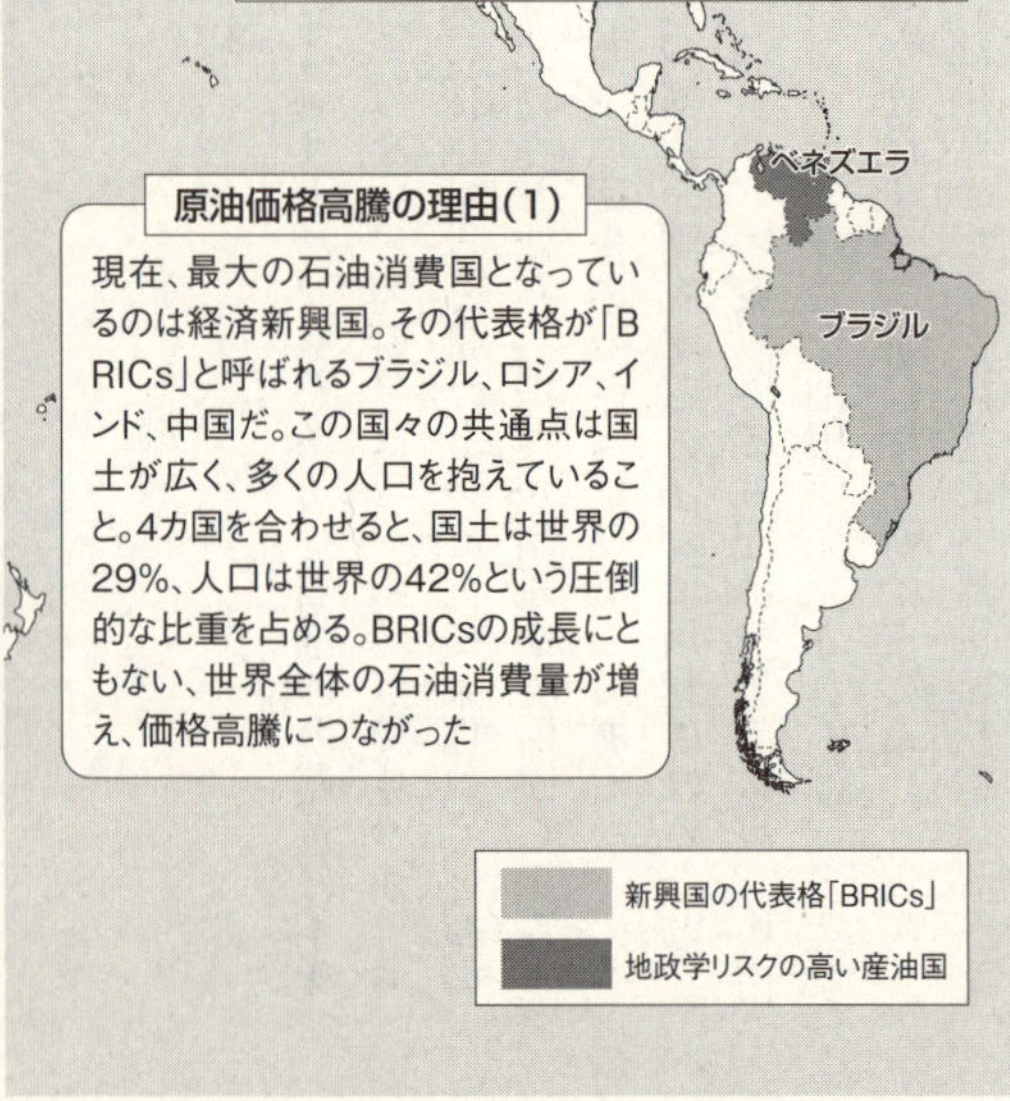
ベネズエラ
ブラジル
新興国の代表格「BRICs」
地政学リスクの高い産油国

原油価格高騰の理由(1)

現在、最大の石油消費国となっているのは経済新興国。その代表格が「BRICs」と呼ばれるブラジル、ロシア、インド、中国だ。この国々の共通点は国土が広く、多くの人口を抱えていること。4カ国を合わせると、国土は世界の29%、人口は世界の42%という圧倒的な比重を占める。BRICsの成長にともない、世界全体の石油消費量が増え、価格高騰につながった

原油価格高騰の3つの理由

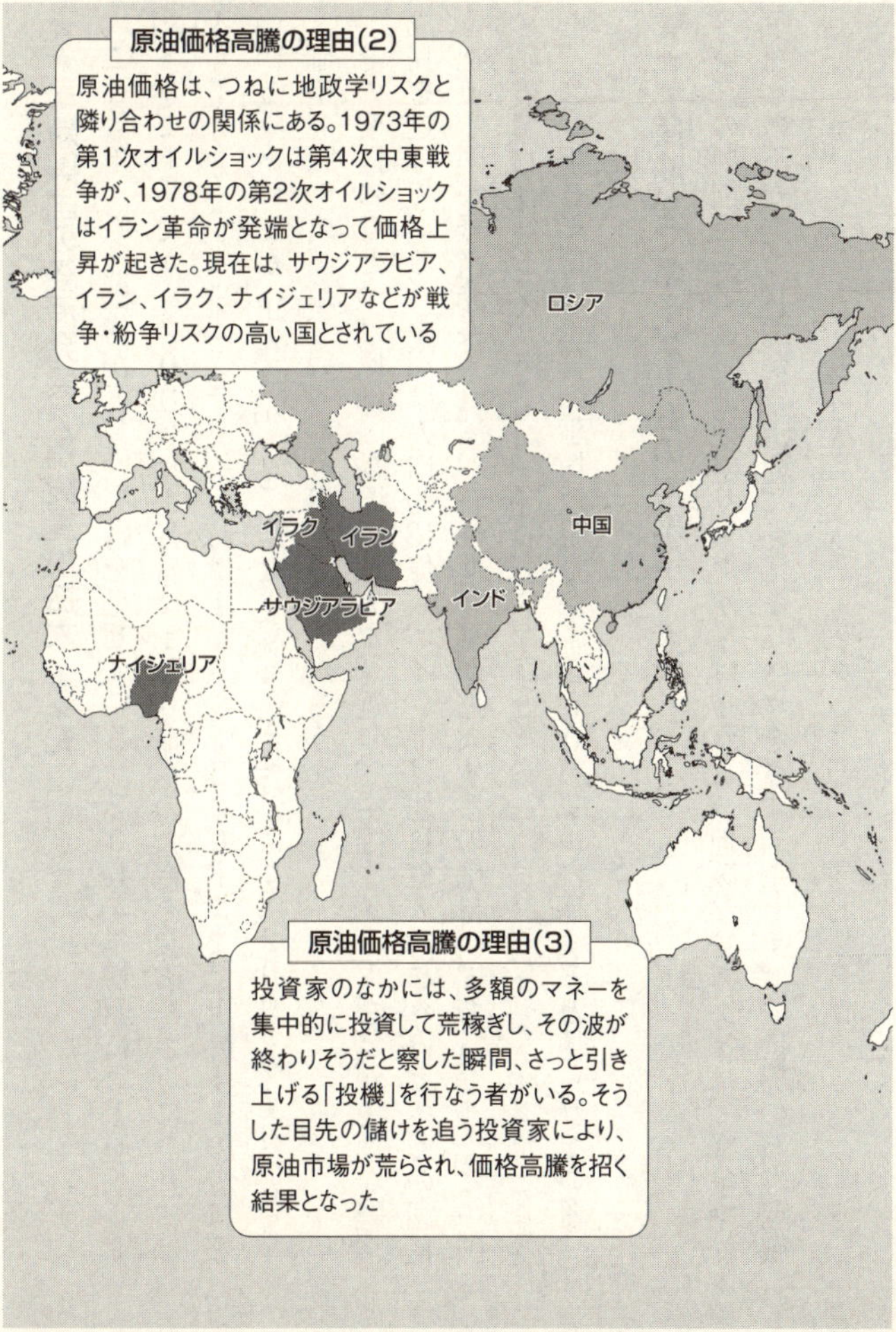
原油価格高騰の理由(2)
原油価格は、つねに地政学リスクと隣り合わせの関係にある。1973年の第1次オイルショックは第4次中東戦争が、1978年の第2次オイルショックはイラン革命が発端となって価格上昇が起きた。現在は、サウジアラビア、イラン、イラク、ナイジェリアなどが戦争・紛争リスクの高い国とされている
ロシア
中国
イラク
イラン
インド
サウジアラビア
ナイジェリア
原油価格高騰の理由(3)
投資家のなかには、多額のマネーを集中的に投資して荒稼ぎし、その波が終わりそうだと察した瞬間、さっと引き上げる「投機」を行なう者がいる。そうした目先の儲けを追う投資家により、原油市場が荒らされ、価格高騰を招く結果となった

★★★新興国の経済発展で消費量が拡大★★★

ここ数年、原油価格が著《いちじる》しい高騰を見せている。２００４年初頭には１バレル＝30ドルであったが、２００８年１月には１００ドルの大台を突破。さらに７月には１４７・２７ドルにまで達した。一時は１バレル＝２００ドルまで上昇するのではないかと囁《ささや》かれたが、現在は40ドル台で落ち着きを見せている（２００９年４月現在）。

価格高騰の要因は、いったい何だったのだろうか。

その要因のひとつは原油の需要の拡大だ。近年、中国やインドなどが急速な経済成長を遂げている。中国は人口約13億人、インドは約11億人。これほど多くの国民を抱える国が経済発展すれば、石油消費量が拡大するのは自明である。とくに中国の消費量は凄《すさ》まじく、２００３年には日本を抜き、アメリカに次ぐ第２位となった。２０１０年には１日の平均使用量が１２００バレルに達すると見られている。

★★★原油がマネーゲームの対象に★★★

第二の要因としては、地政学リスクが挙げられる。地政学リスクとは、戦争や紛争などの不安定な状態が経済面に与えるリスクをさす。たとえば、世界の石油埋蔵量の約67パーセントを占める中東地域は「世界の火薬庫」といわれるほど争いが絶えない。そこでひとたび戦争が起これば、「原油の供給が止まるのではないか」という懸念が世界中に広がり、それが原油価格の高騰へとつながる。近年では、2003年にイラク戦争が勃発《ぼっぱつ》、2005年には核開発疑惑のあるイランとアメリカのあいだに緊張が走った。こうした政治的、軍事的緊張が価格高騰の一因となったのである。

そして、価格高騰の主犯とされるのが投機マネーである。「投機」とは、株を安く買い、タイミングを見計らって高く売ることをいう。長期的な計画をもとにリスク管理し、安定的に資産を運用する「投資」とは大きく意味合いが異なる。投資よりも投機のほうがギャンブル性が高いと考えればよいだろう。

アメリカでサブプライムローン問題が発覚した後、投資家たちは不動産投資に見切りをつけ、原油市場にマネーをまき散らした。ハイリターンを求める投資家にとって、原油ほど魅力的な市場はなかった。その結果、原油先物取引の約70パーセントを投機筋が占めるという異常事態が生じ、一気に価格が高騰したのである。

2008年の夏以降、世界的な金融危機の影響を受けて値下がりに転じた。しかしこの一件で、人々は資源が投機の対象にされることの危険性を実感したのである。

その3

金属資源にはどんな種類があるのか？

鉄と非鉄金属に分けられる

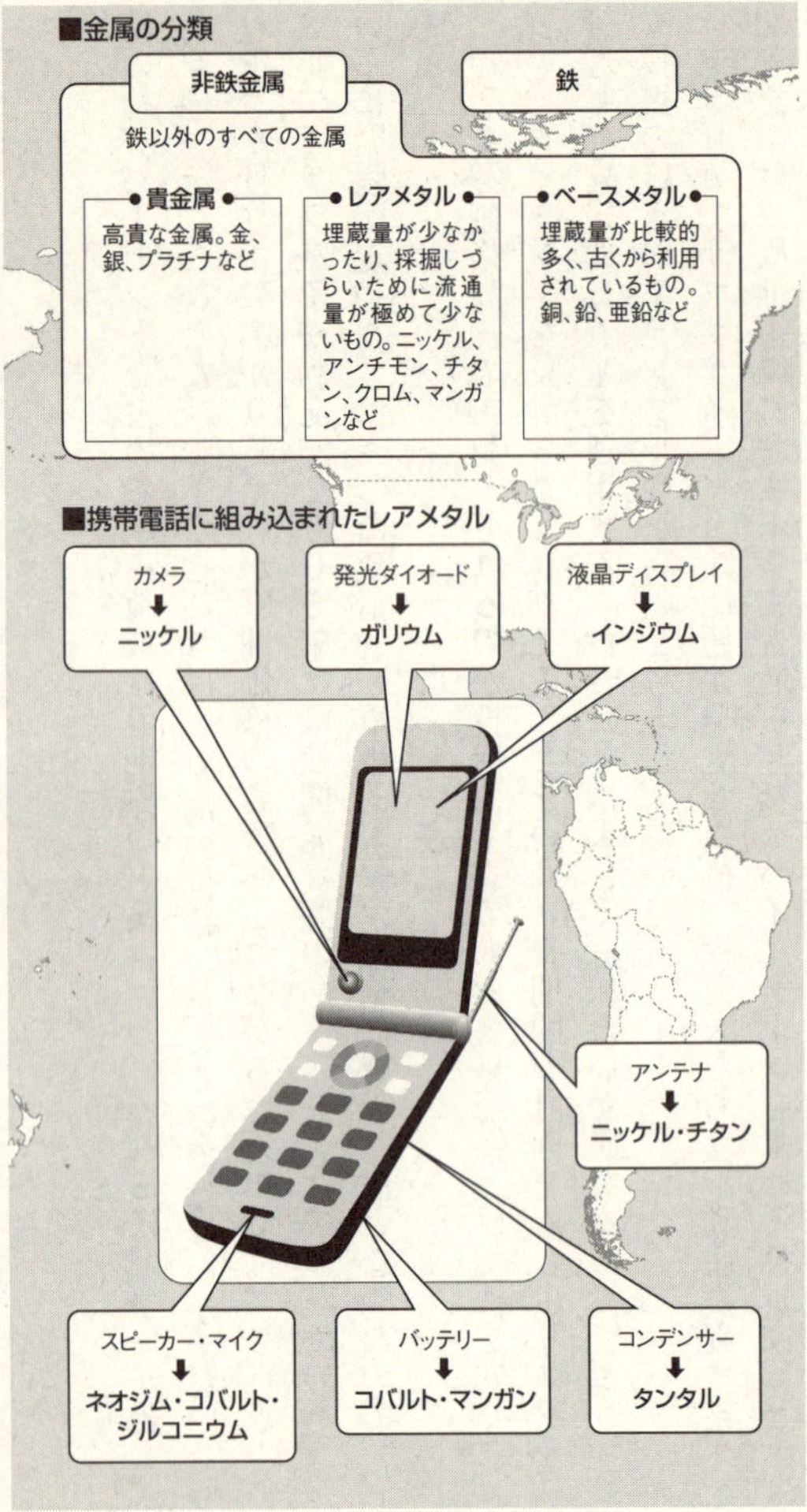
■金属の分類
非鉄金属
鉄
鉄以外のすべての金属
●貴金属●
高貴な金属。金、銀、プラチナなど
●レアメタル●
埋蔵量が少なかったり、採掘しづらいために流通量が極めて少ないもの。ニッケル、アンチモン、チタン、クロム、マンガンなど
●ベースメタル●
埋蔵量が比較的多く、古くから利用されているもの。銅、鉛、亜鉛など
■携帯電話に組み込まれたレアメタル
カメラ ⬇ ニッケル
発光ダイオード ⬇ ガリウム
液晶ディスプレイ ⬇ インジウム
アンテナ ⬇ ニッケル・チタン
スピーカー・マイク ⬇ ネオジム・コバルト・ジルコニウム
バッテリー ⬇ コバルト・マンガン
コンデンサー ⬇ タンタル

金属資源の基礎知識

■周期律表

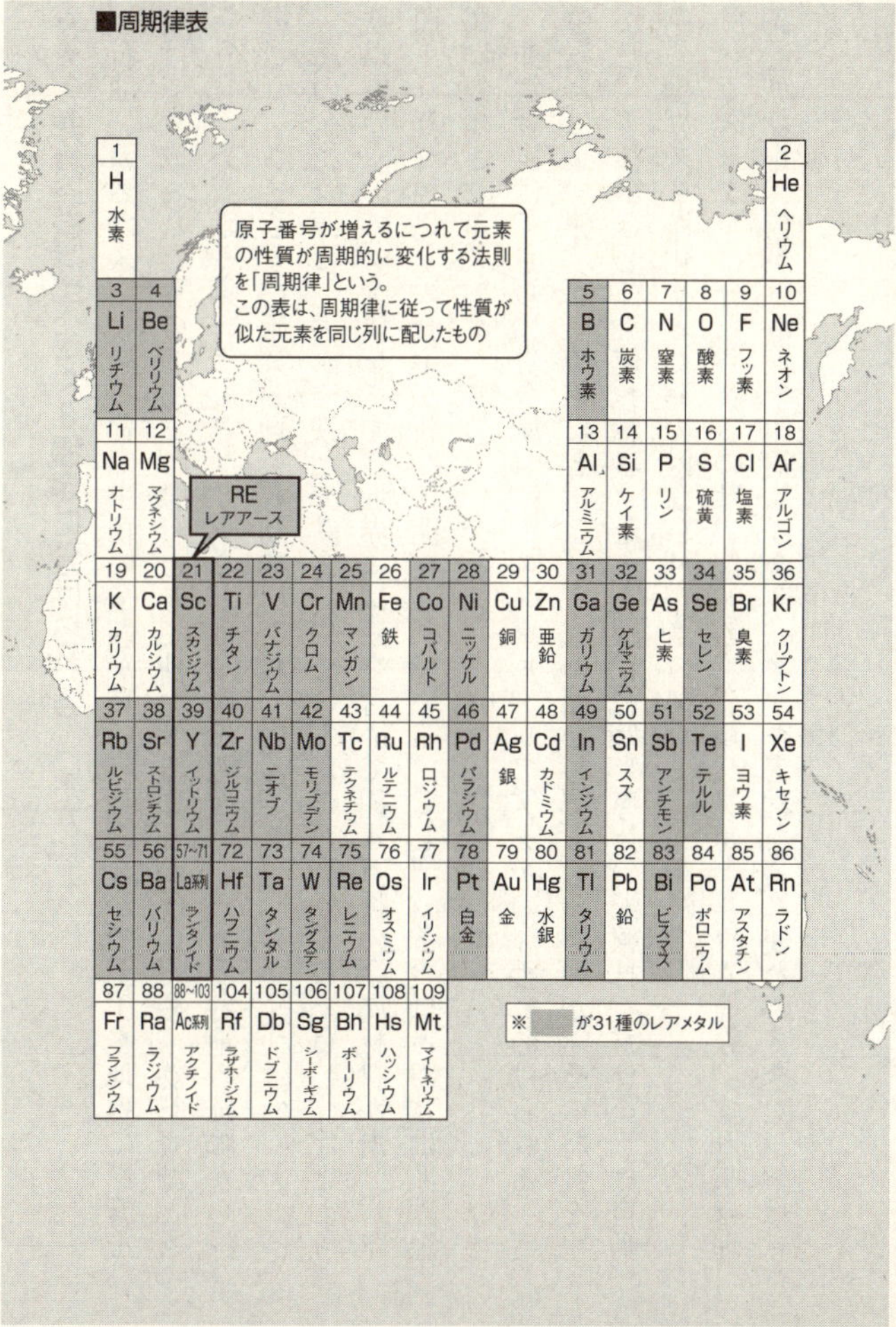

原子番号が増えるにつれて元素の性質が周期的に変化する法則を「周期律」という。
この表は、周期律に従って性質が似た元素を同じ列に配したもの

RE
レアアース

1 H 水素																	2 He ヘリウム
3 Li リチウム	4 Be ベリリウム											5 B ホウ素	6 C 炭素	7 N 窒素	8 O 酸素	9 F フッ素	10 Ne ネオン
11 Na ナトリウム	12 Mg マグネシウム											13 Al アルミニウム	14 Si ケイ素	15 P リン	16 S 硫黄	17 Cl 塩素	18 Ar アルゴン
19 K カリウム	20 Ca カルシウム	21 Sc スカンジウム	22 Ti チタン	23 V バナジウム	24 Cr クロム	25 Mn マンガン	26 Fe 鉄	27 Co コバルト	28 Ni ニッケル	29 Cu 銅	30 Zn 亜鉛	31 Ga ガリウム	32 Ge ゲルマニウム	33 As ヒ素	34 Se セレン	35 Br 臭素	36 Kr クリプトン
37 Rb ルビジウム	38 Sr ストロンチウム	39 Y イットリウム	40 Zr ジルコニウム	41 Nb ニオブ	42 Mo モリブデン	43 Tc テクネチウム	44 Ru ルテニウム	45 Rh ロジウム	46 Pd パラジウム	47 Ag 銀	48 Cd カドミウム	49 In インジウム	50 Sn スズ	51 Sb アンチモン	52 Te テルル	53 I ヨウ素	54 Xe キセノン
55 Cs セシウム	56 Ba バリウム	57~71 La系列 ランタノイド	72 Hf ハフニウム	73 Ta タンタル	74 W タングステン	75 Re レニウム	76 Os オスミウム	77 Ir イリジウム	78 Pt 白金	79 Au 金	80 Hg 水銀	81 Tl タリウム	82 Pb 鉛	83 Bi ビスマス	84 Po ポロニウム	85 At アスタチン	86 Rn ラドン
87 Fr フランシウム	88 Ra ラジウム	88~103 Ac系列 アクチノイド	104 Rf ラザホージウム	105 Db ドブニウム	106 Sg シーボーギウム	107 Bh ボーリウム	108 Hs ハッシウム	109 Mt マイトネリウム									

※ ■ が31種のレアメタル

★★★非鉄金属は大きく3種類に分けられる★★★

石油、天然ガス、石炭などは生物の遺骸《いがい》が長い年月のなかで土圧や地熱の影響を受けて変成されたものである。燃料として使われることが多いため、燃料資源ともいう。一方、鉄や銅、ボーキサイトなどは金属資源といい、世界各地の鉱脈から採掘され、さまざまな産業分野で有効利用されている。

その金属資源は、大きく鉄と非鉄金属に分けられる。非鉄金属とは、文字どおり鉄以外のすべての金属をさす。世界には鉄を含めて約4万種の金属材料があり、年間1000種以上の合金が新たに開発されている。そして、そのほとんどは非鉄金属に分類される。

非鉄金属は、さらに貴金属、ベースメタル、レアメタルの3種に分けられる。貴金属とは金、銀、プラチナなど。どれも宝飾品としてなじみ深いが、その特性を生かし、工業用としても使われる。たとえば、金は半導体の配線材、プラチナは自動車の排ガスを浄化するための触媒に利用されている。

ベースメタルに分類されるのは、銅、鉛、亜鉛、アルミニウムなど。これらは埋蔵量が多く、昔から電線や伸銅品、合金、メッキ素材などに使われてきた。銅は、新石器時代に人類がはじめて使ったとされる金属である。

★★★希少なレアメタルは最新機器に欠かせない★★★

埋蔵量の多いベースメタルに対し、レアメタルは埋蔵量が極めて少ないのが特徴だ。「希《まれ》な」という意味の「レア」を名前に冠していることが、その性格をよく示している。レアメタルは希少なだけでなく、その金属単体として取り出すことが技術的、経済的に難しい。鉱物のなかに少しずつしか含まれていないので、精錬するのに大きなコストがかかるのである。どのような金属がレアメタルとして定義されるかというと、ニッケル、アンチモン、チタン、タングステン、リチウム、インジウム、パラジウムなど全部で31元素（定義により異なる解釈もある）になる。

このレアメタルは、身のまわりの製品に使われている。携帯電話ならば、液晶ディスプレイにはインジウム、カメラ部分にニッケル、スピーカー・マイクにはネオジムが使われている。また、ベースメタルにレアメタルを添加することで、素材の弱い性質を補い、より強力でしなやかに、サビにくくするといった使い方もある。そのほか、パソコン、自動車などあらゆる製品に用いられるレアメタルは、少量でも身体《からだ》に不可欠なビタミンにたとえて「産業のビタミン」とも呼ばれている。

その4

レアメタルはどこでどれくらい採れるのか?

中国やロシアなど、産出国は一部に限られる

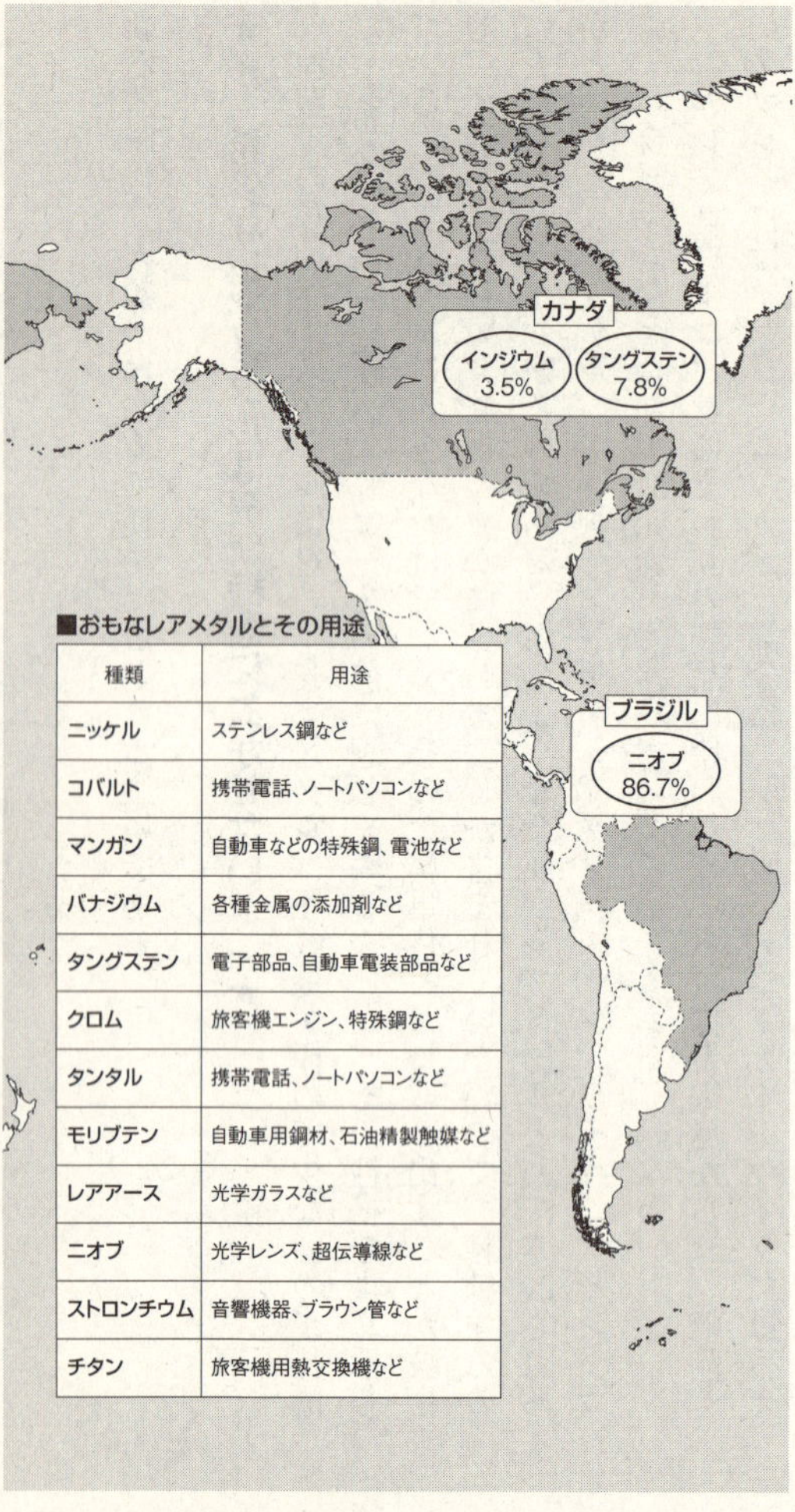
カナダ
インジウム
3.5%
タングステン
7.8%
ブラジル
ニオブ
86.7%

■おもなレアメタルとその用途

種類	用途
ニッケル	ステンレス鋼など
コバルト	携帯電話、ノートパソコンなど
マンガン	自動車などの特殊鋼、電池など
バナジウム	各種金属の添加剤など
タングステン	電子部品、自動車電装部品など
クロム	旅客機エンジン、特殊鋼など
タンタル	携帯電話、ノートパソコンなど
モリブデン	自動車用鋼材、石油精製触媒など
レアアース	光学ガラスなど
ニオブ	光学レンズ、超伝導線など
ストロンチウム	音響機器、ブラウン管など
チタン	旅客機用熱交換機など

主要国の埋蔵レアメタルとそのシェア(2007年)

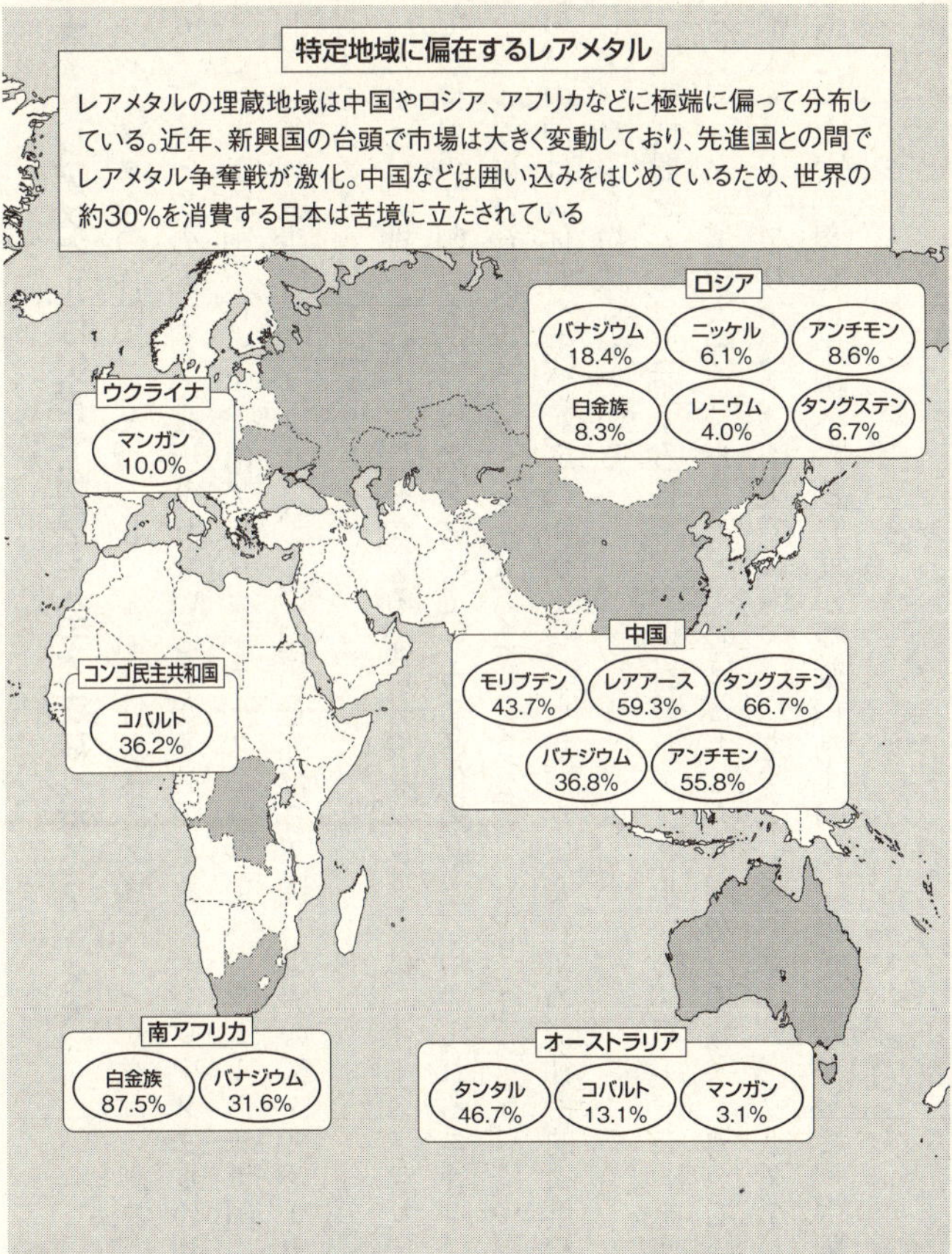
特定地域に偏在するレアメタル
レアメタルの埋蔵地域は中国やロシア、アフリカなどに極端に偏って分布している。近年、新興国の台頭で市場は大きく変動しており、先進国との間でレアメタル争奪戦が激化。中国などは囲い込みをはじめているため、世界の約30%を消費する日本は苦境に立たされている
ロシア
バナジウム 18.4%
ニッケル 6.1%
アンチモン 8.6%
白金族 8.3%
レニウム 4.0%
タングステン 6.7%
ウクライナ
マンガン 10.0%
コンゴ民主共和国
コバルト 36.2%
中国
モリブデン 43.7%
レアアース 59.3%
タングステン 66.7%
バナジウム 36.8%
アンチモン 55.8%
南アフリカ
白金族 87.5%
バナジウム 31.6%
オーストラリア
タンタル 46.7%
コバルト 13.1%
マンガン 3.1%

出所:独立行政法人 石油天然ガス・金属鉱物資源機構

★★★レアメタルは災害や紛争で入手できなくなる？★★★

レアメタルの特徴のひとつとして、偏在性が極めて高いことが挙げられる。つまり、ごく一部の国でしか産出されないものが多いのである。全レアメタルの約50パーセントが中国、ロシア、南アフリカ、オーストラリア、ブラジルの5カ国に偏在しており、大半のレアメタルは、この産出量上位5カ国で世界の50～90パーセント以上を占めるといわれている。

たとえば、携帯電話の部品をつくる際に必要なタンタルは、オーストラリアだけで全世界の4割以上のシェアを占めている。超伝導装置に用いられるニオブは、ブラジルがほぼ独占状態。タングステンやアンチモン、モリブデンなどは中国に多い。中国は人件費や環境対応にかかるコストが非常に安いため、独占的に供給するレアメタルを複数もっている。

精密機器を大量に生産する日本は、世界のレアメタルの約30パーセントを使用するレアメタル消費大国だ。しかし、そのほとんどを外国からの輸入に頼っている。輸入先は1970年代半ば頃までは南アフリカ、オーストラリア、カナダなどが主流だったが、現在は中国への依存度が極端に高まっている。したがって、中国が政情不安に陥ったり、災害に見舞われたり、あるいは何らかの原因で日中間に軋轢《あつれき》が生じたりした場合、レアメタルを入手できなくなる危険性がある。

★★★「資源ナショナリズム」の傾向を強める中国★★★

レアメタルの安定供給をめざしているのは日本ばかりではない。「もたざる国」ならばどの国も同じような状況で、現在は完全な売り手市場になっている。

そんななか、中国は自国の資源の囲い込みを行なう「資源ナショナリズム」の傾向を強めている。レアメタルを国家政策として活用しはじめたのだ。2006年にはじまった第11次5カ年計画には、レアメタルを戦略的に利用することが明文化されており、レアメタルの輸出許可制と輸出税が導入された。

中国は急速な経済発展を遂げ、国民の生活レベルも大幅に向上した。だが、10億人以上の人口を抱える大国なだけに、レアメタルの需要も半端な量ではない。外国へ輸出するよりも、まず国内需要を満たさなければならないのだ。

こうした囲い込み政策によって、ただでさえ希少なレアメタルの希少性がますます増してきている。資源供給国が世界を牛耳《ぎゅうじ》る――。それは石油や天然ガスだけにとどまらず、レアメタルもまた同様である。

その5

バイオ燃料は石油の代替燃料になり得るのか?

普及が進めば、石油に取って代わるかも

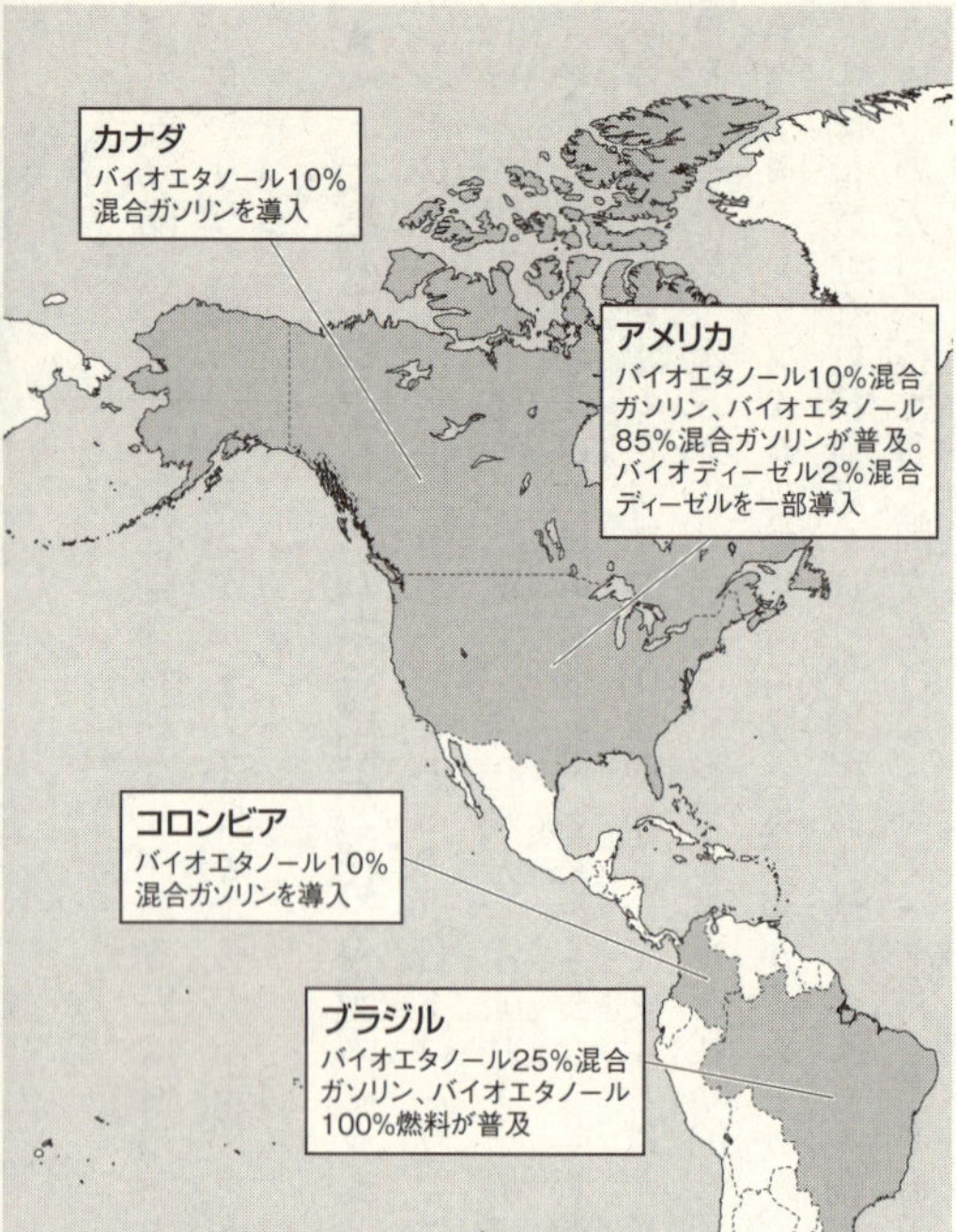
カナダ
バイオエタノール10%
混合ガソリンを導入
アメリカ
バイオエタノール10%混合
ガソリン、バイオエタノール
85%混合ガソリンが普及。
バイオディーゼル2%混合
ディーゼルを一部導入
コロンビア
バイオエタノール10%
混合ガソリンを導入
ブラジル
バイオエタノール25%混合
ガソリン、バイオエタノール
100%燃料が普及

世界のバイオエタノール生産量の推移

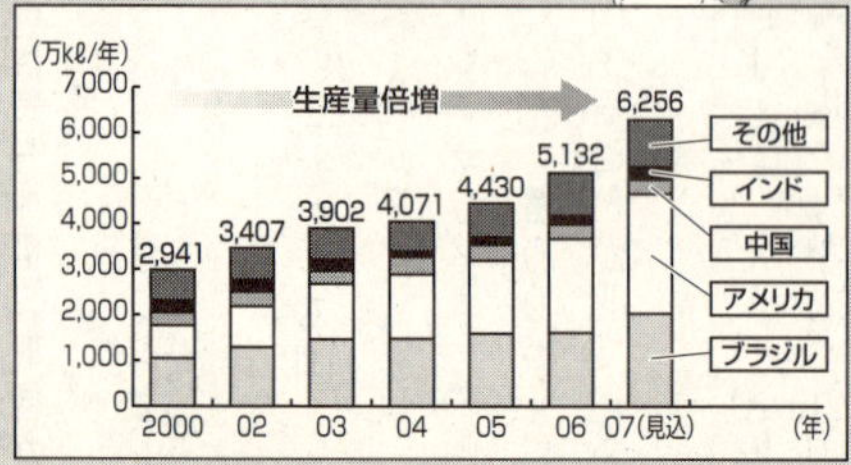
(万kℓ/年)
7,000
6,000
5,000
4,000
3,000
2,000
1,000
0
生産量倍増
2,941
3,407
3,902
4,071
4,430
5,132
6,256
その他
インド
中国
アメリカ
ブラジル
2000
02
03
04
05
06
07(見込)
(年)

出所:「海外食料需給レポート2007」農林水産省

世界の主要国のバイオ燃料導入状況

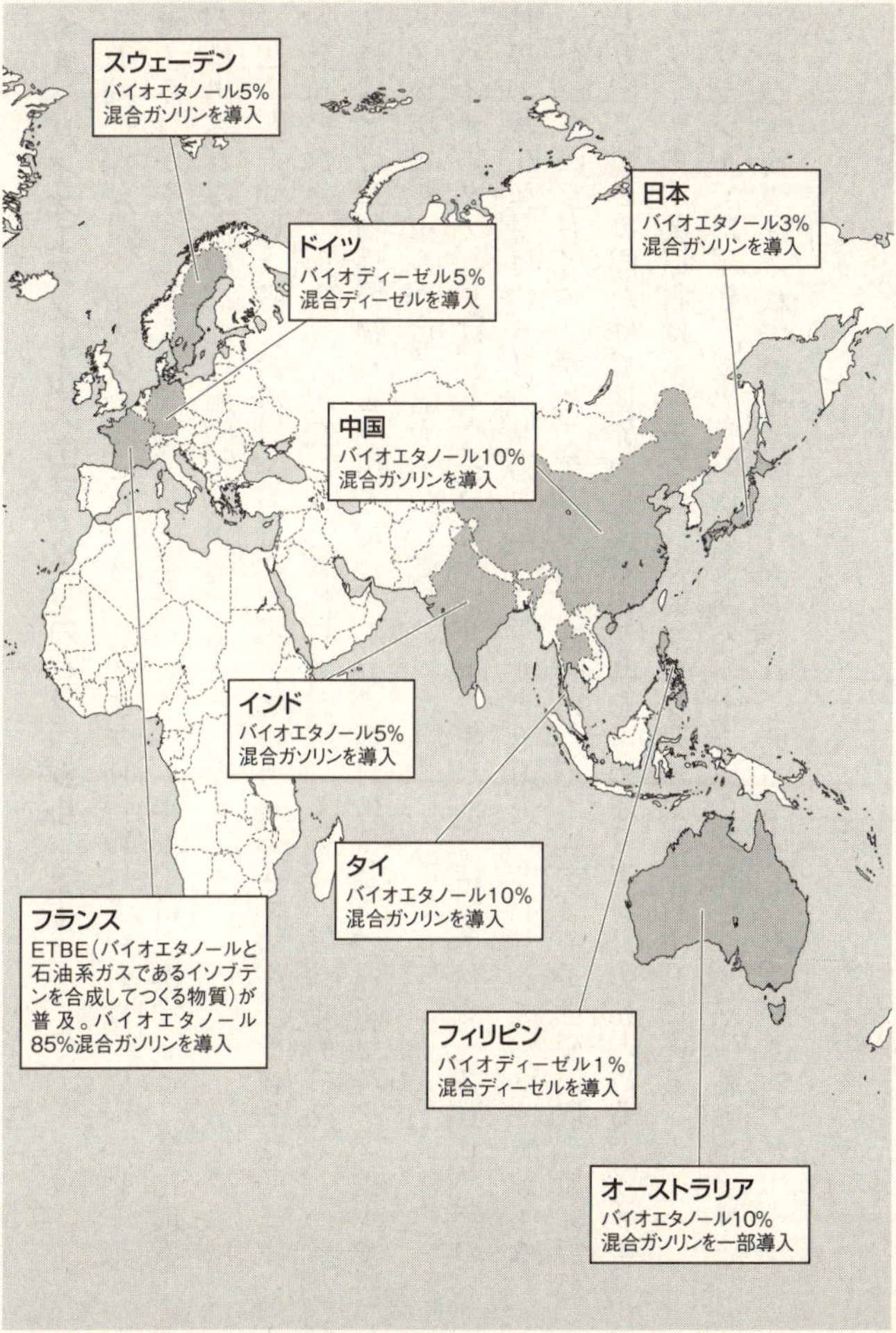

★★★バイオエタノール大国はアメリカとブラジル★★★

石油の埋蔵量が増えているとはいえ、このまま使い続けていれば、いつか必ず枯渇する日がやってくる。また、石油を燃やしてエネルギーに変換すると二酸化炭素が排出されるため、地球温暖化を促進することになる。

こうした問題を考えた場合、石油の代わりとなり得るエネルギーを確保することが急務となる。そこで、現在もっとも注目されているのがバイオ燃料である。バイオ燃料とは植物性の物質を利用してつくられる燃料のことで、バイオエタノールやバイオディーゼルが広く普及している。

バイオエタノールは、トウモロコシやサトウキビから精製される。2007年の世界の総生産量は約6200万キロリットルと2000年に比べて2・1倍にもなった。なかでもアメリカとブラジルが積極的にバイオエタノール生産に取り組んでおり、この2カ国だけで世界の生産量の7割を占める。アメリカにおけるバイオエタノールの主要原料はトウモロコシで、ブラジルではサトウキビである。

ブラジルでは現在、ガソリンに20～25パーセントのバイオエタノールを混合することが義務づけられている。アメリカやEU（欧州連合）でも、バイオディーゼルを2～5パーセント配合した混合軽油が一般の車両向けに販売されている。

★★★大気中の二酸化炭素を増やさない「再生可能エネルギー」★★★

バイオ燃料の最大のメリットは、再生可能という点にある。太陽と水が存在する限り、何度でも原料を再生産できるのだ。前述のとおり、石油や石炭などの化石燃料には限りがあるから、使えば使うほど資源が枯渇していく。しかし、バイオ燃料は原料を再生産することで半永久的に使い続けることができる。

またバイオ燃料は、大気中の二酸化炭素の増量を防ぐ「カーボンニュートラル」というサイクルをもっている。バイオ燃料も化石燃料と同じように、燃やせば二酸化炭素を排出する。だが、トウモロコシやサトウキビなどは二酸化炭素を吸収しながら成長するため、長期的に見れば二酸化炭素を増やすことがないのである。

そして近年は、第2世代のバイオ燃料の開発が進んでいる。現在のバイオ燃料はサトウキビそのものを原料に使う。そのため、食料としてのサトウキビが足りなくなり、価格の高騰を招くこともある。しかし、次世代のバイオ燃料はサトウキビの搾《しぼ》りかすだけを使用するので、食料需要とは競合しない。より有効なエネルギー資源を求める取り組みがはじまっているのである。

その6

世界的な食料価格の高騰の原因は？

石油同様、投機マネーの影響が大きい

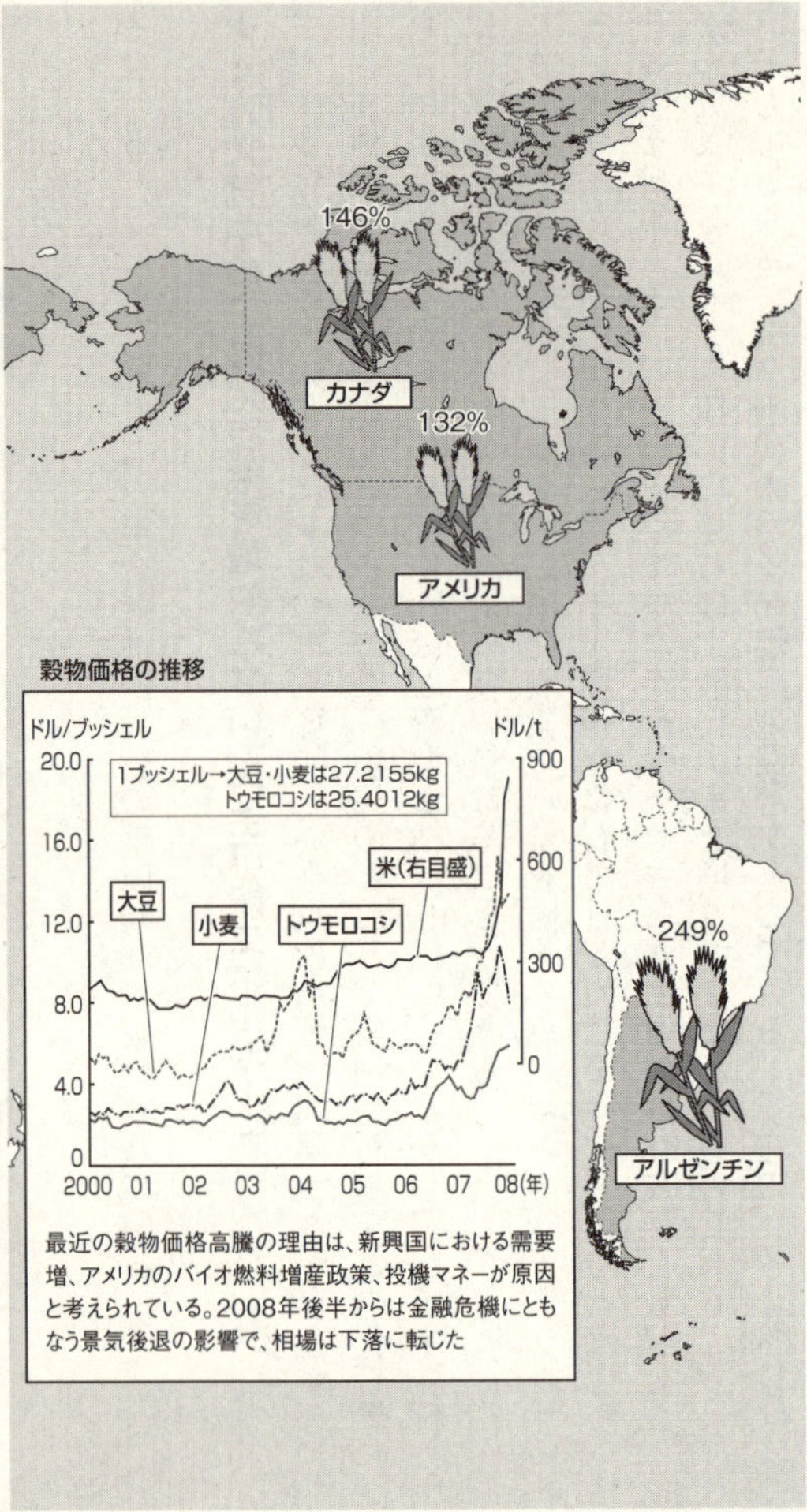
146%
カナダ
132%
アメリカ
249%
アルゼンチン
穀物価格の推移
ドル/ブッシェル
ドル/t
1ブッシェル→大豆・小麦は27.2155kg
トウモロコシは25.4012kg
20.0
16.0
12.0
8.0
4.0
0
900
600
300
0
大豆
小麦
トウモロコシ
米(右目盛)
2000 01 02 03 04 05 06 07 08(年)

最近の穀物価格高騰の理由は、新興国における需要増、アメリカのバイオ燃料増産政策、投機マネーが原因と考えられている。2008年後半からは金融危機にともなう景気後退の影響で、相場は下落に転じた

世界各国の穀物自給率（2003年試算）

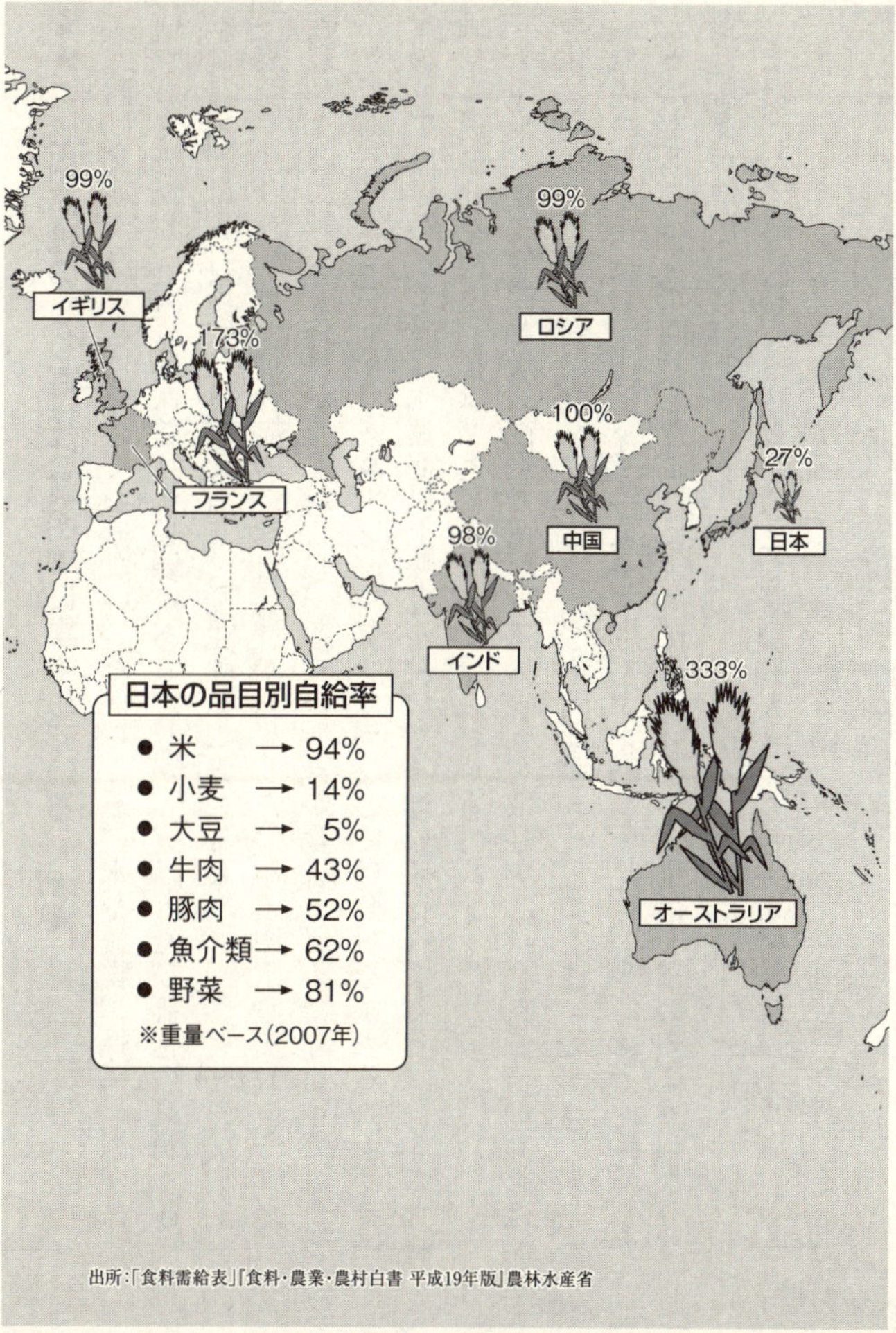

日本の品目別自給率

- 米 → 94%
- 小麦 → 14%
- 大豆 → 5%
- 牛肉 → 43%
- 豚肉 → 52%
- 魚介類 → 62%
- 野菜 → 81%

※重量ベース（2007年）

出所：「食料需給表」「食料・農業・農村白書 平成19年版」農林水産省

★★★価格高騰のしわ寄せは貧困層に集中している★★★

人間は食料がなければ生きていけない。だからこそ、水や穀物、野菜、肉、魚といった食料資源は安定確保される必要がある。しかし、ひとたび価格の高騰が起これば貧困層は大打撃を受け、死者まで発生することになる。

実際、２００８年には世界的な食料危機が発生した。小麦やトウモロコシ、米、乳製品などあらゆる食料が値上がりし、多くの人々が食料を買えなくなってしまったのである。エジプトやカメルーン、南アフリカなどでは食料を求める人々がデモを繰り広げ、ハイチでは1週間以上暴動が続いた。世界銀行によると、世界の食料価格は過去3年間で、ほぼ2倍に上昇していたという。

その後、金融危機と景気後退で市場は落ち着きを取り戻し、食料価格の高騰は沈静化に向かったが、いったいなぜ、こんな異常事態が生じてしまったのか。

原因のひとつは、中国やインドをはじめとした新興国の台頭にある。新興国の人々は生活レベルが向上したことによって、よりよい食生活を求めるようになり、食料需要が増加した。

また、バイオ燃料の生産量が増えた影響も大きい。バイオ燃料は、トウモロコシやサトウキビなどの農作物からつくられる。アメリカやブラジルでは、バイオ燃料を栽培する農家に対して補助金や優遇税制を導入した。その結果、急激にバイオ燃料用の作物栽培が増え、そのぶんだけ食料の供給が減ってしまったのだ。

さらにアメリカのサブプライムローン問題以降、投機マネーが株式市場から穀物などの商品市場に流れ込んできたこともある。巨額の資金を運用するヘッジファンドの投機対象となった穀物は、一気に価格が上がったのだ。

★★★穀物自給率の低い日本の将来は?★★★

世界の農産物の需給バランスを見ると、すでに消費量が生産量を上回っているという指摘もある。事実、世界の穀物の在庫量は徐々に減少し、2007〜2008年度で約15パーセントを記録した。これは食料危機といわれた1970年代前半の数字とほぼ同水準である。輸出国のなかには、自国の食料を確保しようと輸出関税を引き上げたり、輸出制限を行なう国も出てきている。

こうした状況になると、食料自給率の低い国が大きな影響を受けてしまう。日本も例外ではない。日本の穀物自給率は世界屈指の低さである。今後、日本は食料危機に備え、海外に依存する体質を変えていく必要がある。

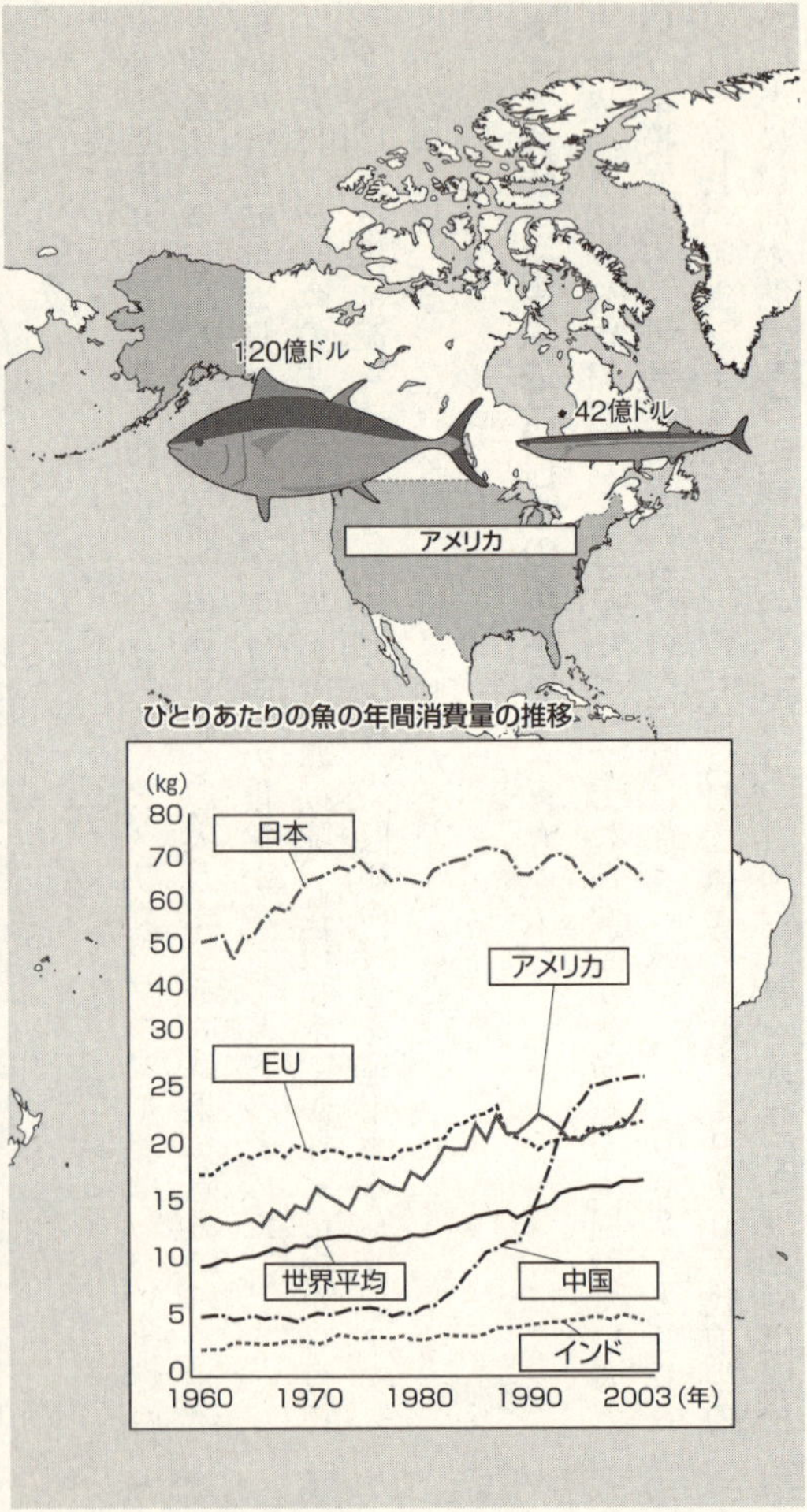
120億ドル
42億ドル
アメリカ
ひとりあたりの魚の年間消費量の推移
(kg)
80
70
60
50
40
30
25
20
15
10
5
0
日本
アメリカ
EU
世界平均
中国
インド
1960
1970
1980
1990
2003(年)

その7

将来、日本の食卓から魚が消える?

魚食文化を守るには、水産資源の保護が必要

世界の主要国の魚介類輸出入額(2005年)

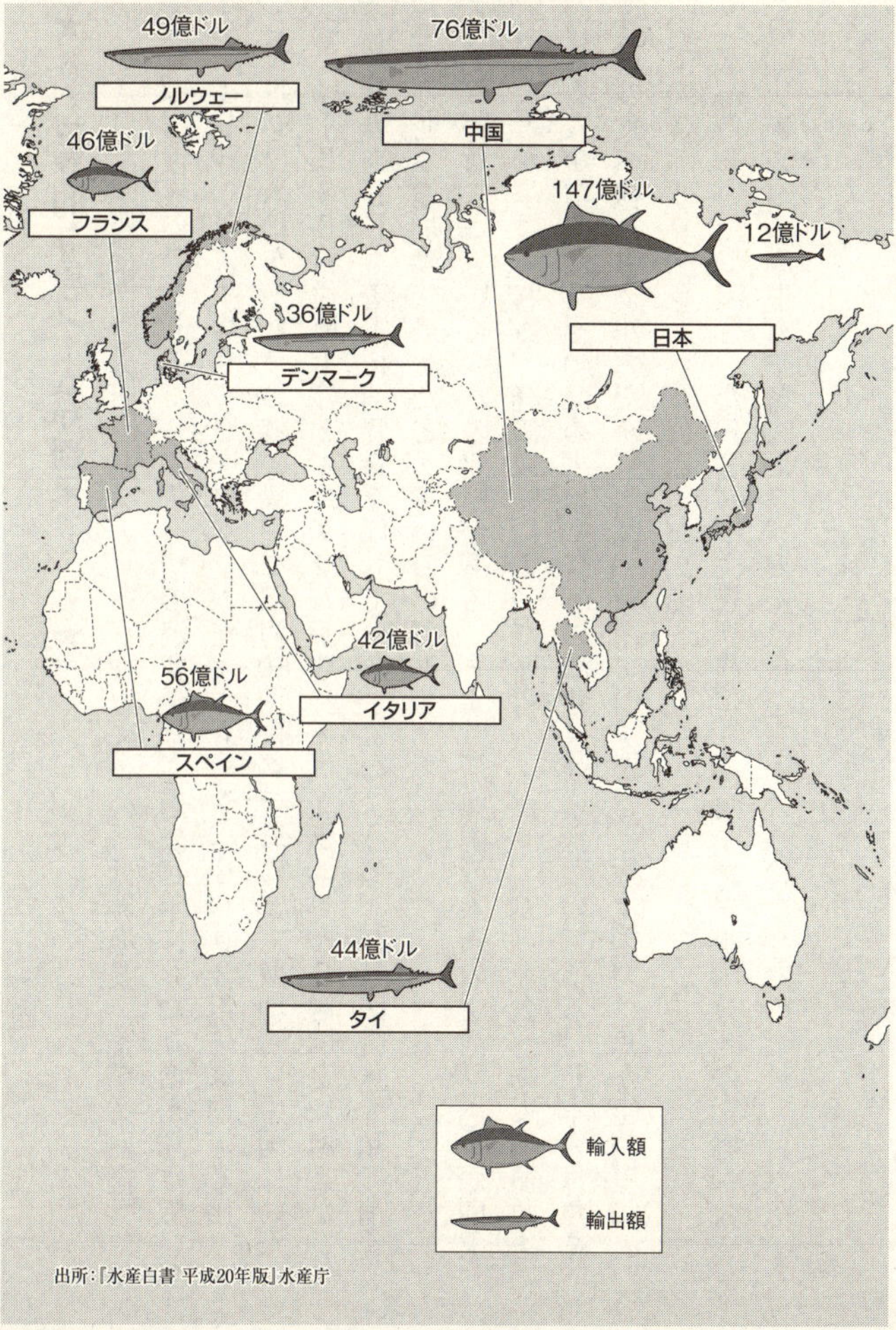

出所:『水産白書 平成20年版』水産庁

★★★世界的な魚ブームが到来！★★★

ＦＡＯ（国連食糧農業機関）が発表した２００６年の『世界漁業・養殖業白書』によれば、世界のひとりあたりの魚介類の消費量は、過去40年にわたり増え続けている。１９６１年に平均９・０キログラムだったものが、２００３年には推定で16・5キログラムになった。お隣の韓国では約60キログラムにまで増加し、中国にいたっては１９８０年代前半の5キログラムから27キログラムへと5倍以上に増えた。アメリカやＥＵも着実に消費量を増している。このように、諸外国の魚介類の消費量は軒並み増加の一途をたどっているのである。

その背景には、いくつかの要因がある。まず、新興国の人々の生活レベルが向上したことが挙げられる。経済成長によって所得が上がり、割高な食べ物である魚を買える人が増えた。そのため、水産資源の消費量が増えたのである。日本人は魚を庶民の食べ物と考えがちだが、中国や東南アジアなどの途上国では魚が富裕層にとってのステイタスシンボルになっている。

家畜のあいだで流行したＢＳＥ（牛海綿状脳症）や鳥インフルエンザの影響も大きい。リスクのある牛肉や鶏肉より、人々は魚を選ぶようになったのだ。

さらに、世界的な健康ブームも関係している。欧米では健康志向の影響から、肉より魚を好む傾向が高まっているという。

★★★危機的状況にある水産資源★★★

魚の需要が増える一方なのに対し、保護や管理は十分に行き届いていないため、水産資源の枯渇が懸念されている。現在、世界の水産資源は危機的状況にあるのだ。

FAOの2006年の資料によれば、水産資源の25パーセントが過剰に利用されているか、すでに枯渇した状態にあり、52パーセントが満限に利用された状態にある。余裕のある資源は23パーセントしかない。「2048年には海から魚がいなくなる」という意見さえ出されている。

日本人にとって、魚や貝、エビやカニなどの水産資源は身近でなじみ深いものばかり。若者を中心に魚離れが進んでいるとはいえ、年間ひとりあたりの消費量はまだまだ群を抜いている。しかし、日本は水産物については世界一の輸入国である。スーパーに並んでいる魚介類は輸入物が多くを占める。このまま世界の魚ブームが続き、輸入量が減るようなことがあれば、日本の食卓から魚が消えてしまうかもしれない。

その8

地下資源が紛争の火種になっているって本当?

世界各地で資源戦争がはじまっている!

尖閣諸島
資源をめぐる争いは日本にも無縁ではない。豊富な石油・鉱物資源があると見られる尖閣諸島の領有権をめぐって、中国・台湾とのあいだで対立が生じている。中国は海洋調査船による活動を活発化させるなど、強硬姿勢を崩す気配がなく、日中間の交渉は暗礁に乗り上げている状態だ
インドネシア
(天然ガス、銅)
※(　)はおもな産出資源

資源が絡んだ紛争地域

北極海
北極海の海底には莫大な化石燃料が眠っていると推測されている。これまでは厚い氷のせいで発掘は容易でなかったが、近年の温暖化によって海氷面積が縮小したため、状況が一変。ロシア、アメリカ、カナダ、ノルウェーなどの沿岸諸国が、氷の海から現れた巨大資源をめぐり火花を散らしている
チェチェン
ソ連崩壊以来続くチェチェン紛争の原因のひとつは、チェチェンに眠る資源にある。チェチェンはロシアからの独立を望んでいる。しかしロシアとしては、石油や天然ガスが豊富でパイプラインが通っているこの国を簡単に独立させるわけにはいかないのである
イラク（石油）
スーダン（石油）
チャド（石油）
シエラレオネ（ダイヤモンド）
エチオピア（石油）
リベリア（ダイヤモンド）
ナイジェリア（石油）
コンゴ共和国（石油）
アンゴラ（石油）
コンゴ民主共和国（ダイヤモンド、金、レアメタル）
アフリカ
アフリカは資源の宝庫。石油などの燃料資源をはじめ、ダイヤモンド、貴金属、希少金属（レアメタル）も豊富に埋蔵している。その権益は経済成長の大きな牽引力となっているが、一方では利益配分をめぐる争奪戦を招いており、紛争に発展してしまうケースも少なくない

★★★21世紀は世界各地で資源紛争が起きている★★★

イデオロギーの違い、民族・宗教の対立、領土争いなど、世界で紛争が起きる原因はさまざまだ。しかし近年は、資源が原因で勃発する紛争が多い。第二次世界大戦が終わり、東西冷戦も終結を迎えた。いよいよ平和な時代の到来かと思いきや、国際社会は今度は石油をはじめとする資源をめぐり、対立を深めているのである。

資源が原因で起こる紛争は「資源戦争」と呼ばれる。なかでも世界の最貧地帯であるアフリカの状況が酷《ひど》い。アフリカには石油や金、レアメタルなど未開発の天然資源が豊富に眠っている。そのため、資源の争奪戦が激化の一途をたどっているのだ。

たとえば、シエラレオネではダイヤモンドをめぐって紛争が起こり、1991年に反政府組織のRUF（革命統一戦線）が蜂起《ほうき》した。RUFは人々にダイヤモンドの採掘を強制したほか、ダイヤモンドをもつ者を容赦なく殺害。2000年にようやく停戦合意にいたったものの、依然として政府の汚職や不公平な富の配分が続き、人々は貧困にあえいでいる。

コンゴ民主共和国（旧ザイール）ではレアメタルが紛争を引き起こしている。コンゴはタンタルというレアメタルの世界有数の埋蔵地だが、埋蔵地域を支配しているのは武装勢力で、彼らはタンタルを海外にもち出す見返りに武器を得る。この武器が紛争を慢性化させているのだ。

★★★日々激しさを増している資源獲得競争★★★

資源戦争は国家間でも起きている。北極海の海底には世界の未発見の化石燃料のうち25パーセントが眠っているといわれている。2007年、その資源の占有権を狙うロシアは、北極海の水深およそ4キロメートルの地点に国旗を立て、そこが自らの領土であると主張した。この行為に対し、カナダやデンマークなど周辺諸国は激しく反発してみせた。

日本も例外ではない。1968年の国連アジア極東経済委員会の調査により、沖縄県石垣市に属する尖閣《せんかく》諸島の海底に豊富な石油・鉱物資源が埋蔵されているとわかった。すると、その資源の権益をめぐって中国や台湾が領土権を主張し、一触即発の状態に陥った。竹島をめぐる韓国との争いもこれと似たような状況である。

多くの資源は有限で、枯渇のときが近づいている。しかも、最近は新興国の台頭で需要が増えている。このままだと資源獲得競争はますます激化するだろう。

第2章

資源をめぐる各国の思惑

各国の思惑

BRICs

豊富な資源をもつ4カ国が今後の世界をリードする

★★★経済成長の著しい4つの新興国★★★

近年目覚ましい経済成長を遂げ、今後の世界経済に大きな影響力をもつと見込まれているのが「BRICs《ブリックス》」と呼ばれる新興国である。BRICsとはブラジル（Brazil）、ロシア（Russia）、インド（India）、中国（China）の4カ国の頭文字をつなげた造語で、2003年10月に発表されたアメリカの投資銀行ゴールドマン・サックスのレポートのなかで、はじめて使われた。

同社はそのレポートで、BRICsのGDP（国内総生産）が2040年には現在の先進国を追い抜き、2050年のGDPランキングは中国、アメリカ、インド、日本、ブラジル、ロシア、イギリス、ドイツ、フランス、イタリアの順になると予測した。

これが世界の投資家のあいだで大きな反響を呼び、BRICsに対して世界中から活発な投資が行なわれるようになった。2006年時点でBRICsへの投資流入額は全世界の10パーセントを占めるまでになり、超大国アメリカに勝るとも劣らない規模に膨れ上がったのである。では、BRICsの成長要因とは何なのか。地理的にも民族・宗教的にも異なる4カ国だが、いくつかの共通点がある。

ひとつ目は人口大国ということである。現在、中国の人口は約13億人で世界1位、インドが約11億人で2位、ブラジルは約1億9000万人で5位、ロシアは約1億4000万人で8位となり、4カ国の総人口は世界の4割強を占める。人口が多ければ、豊富な労働力と消費市場が期待できる。

2つ目は国土面積が広いことが挙げられる。4カ国すべてが国土面積ランキングで上位10位以内に入り、総面積は世界の3割弱を占めている。

3つ目は、じつはこれが最大の強みなのだが、豊富な資源を有していることである。今日では、国力をはかるうえで資源の有無が軍事力以上に重視されている。資源保有国こそが世界を制するといわれているのだ。BRICsに関しては、4カ国とも豊富な資源に恵まれている。

★★★ 4カ国が有する資源とは？ ★★★

2005年のGDPが世界10位にまで上昇したブラジルは、「出ない鉱物はない」

といわれるほどの鉱物資源大国だ。とくに鉄鉱石は世界最大の埋蔵量を誇り、カラジャス鉱山には世界需要の５００年分の鉄鉱石が埋蔵されているといわれる。ボーキサイトやマンガン、ニッケルに加え、石油も豊富に採れる。農産物ではコーヒー、オレンジ、砂糖などの生産・輸出が世界一で、将来、ブラジルが世界の食料を支えることになるだろうとの予測もある。

ロシアは世界屈指の原油・天然ガス埋蔵量を誇る。天然ガスの生産量は世界1位。ロシア政府は２００５年、欧米寄りの隣国ウクライナとのあいだで価格交渉がまとまらないと見るや、翌年にはガス供給を停止して圧力をかけるなど、外交カードとして資源を積極的に利用している。

２００３年から２００７年まで毎年10～11パーセントに達する経済成長を遂げた中国は、石炭や鉛、亜鉛、マグネシウム、水銀などの資源が豊富だ。なかでもレアメタルに恵まれており、タングステン、モリブデンといった利用価値のあるレアメタルの埋蔵量・生産量は世界1位である。バッテリーをはじめ医療機器、原子力など多くの分野に不可欠なレアアース（希《き》土類《どるい》元素）もほぼ独占状態にある。

インドは石炭やクロム、鉄鉱石、ボーキサイトなどを埋蔵する。だが、この国の有力資源はなんといっても人的資源、つまり人材だろう。近年、インドではＩＴ産

BRICs諸国の基本データ(2007年)

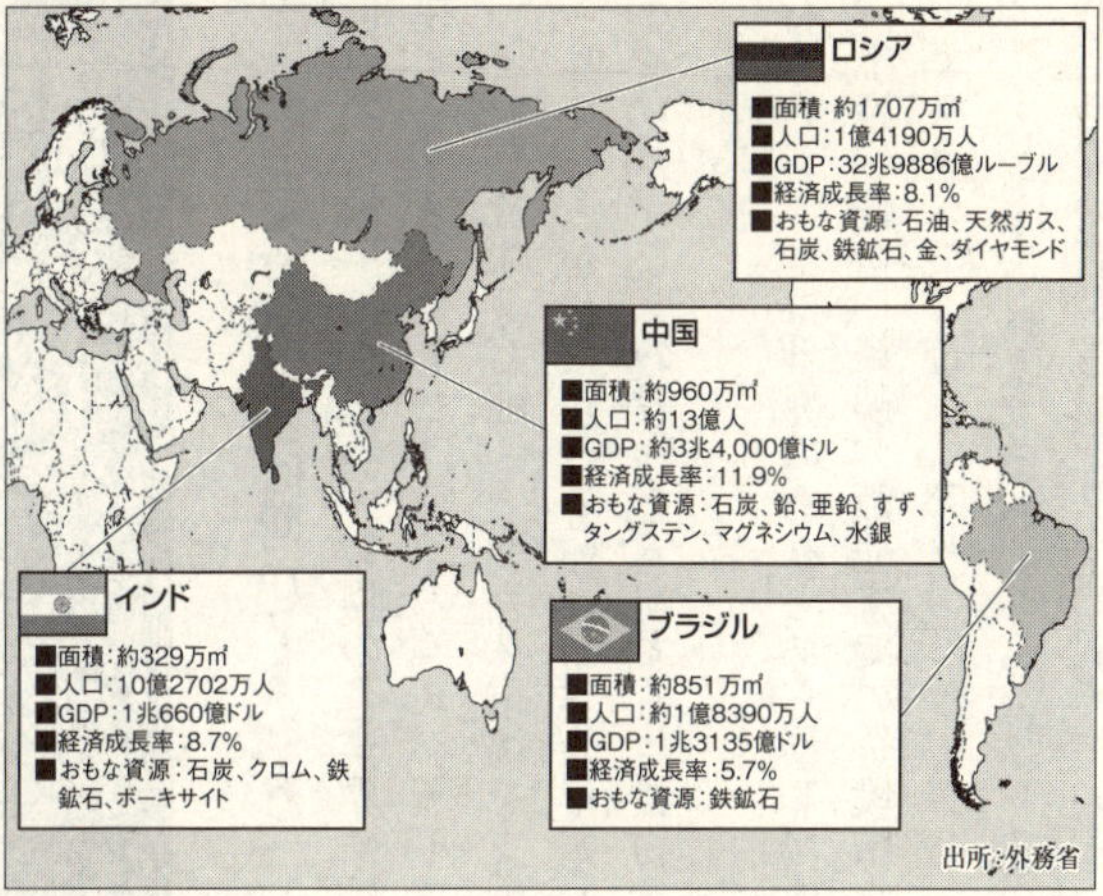
ロシア
■面積:約1707万㎢
■人口:1億4190万人
■GDP:32兆9886億ルーブル
■経済成長率:8.1%
■おもな資源:石油、天然ガス、石炭、鉄鉱石、金、ダイヤモンド
中国
■面積:約960万㎢
■人口:約13億人
■GDP:約3兆4,000億ドル
■経済成長率:11.9%
■おもな資源:石炭、鉛、亜鉛、すず、タングステン、マグネシウム、水銀
インド
■面積:約329万㎢
■人口:10億2702万人
■GDP:1兆660億ドル
■経済成長率:8.7%
■おもな資源:石炭、クロム、鉄鉱石、ボーキサイト
ブラジル
■面積:約851万㎢
■人口:約1億8390万人
■GDP:1兆3135億ドル
■経済成長率:5.7%
■おもな資源:鉄鉱石
出所:外務省

業が急発展し、ソフトウェア産業の総生産高は1997年から2003年にかけて4倍にも増えた。これは有能な人材が豊富であればこそ達せられた成果である。インドは世界ではじめて「0」の概念を生み出した国で、もともと数学に強い国民性をもつ。政府も長く理数系の教育に力を入れてきた。そのおかげで優秀なIT技術者が多く生まれ、世界に誇るIT産業大国となったのだ。

2008年からの世界的な不況の波は、BRICs経済にも大きな打撃を与えた。だが、この豊富な資源を武器に、4カ国は今後も発展を続けていくと見られている。

資源メジャー

M&Aでみるみる巨大化！
各業界を支配する巨大企業の内幕

★★★石油メジャーとは何か？★★★

世界の石油、鉱物資源、穀物の各業界には、その業界を支配する「メジャー」が存在する。メジャーとは野球の「メジャーリーグ」と同じように、「主流の」「最上級」という意味。石油・天然ガス市場を支配する「石油メジャー」がもっともよく知られているが、ほかにも鉄鉱石や石炭などを支配する「資源メジャー」、小麦やトウモロコシなどの穀物を支配する「穀物メジャー」があり、それぞれの業界を牛耳っている。

石油メジャーは世界のありとあらゆる場所で石油・天然ガスの探鉱、掘削を行ない、生産、輸送、精製、販売までの全段階を扱う巨大資本の石油会社である。現在は、エクソンモービル（アメリカ系）、BP（イギリス系）、ロイヤル・ダッチ・シェル（イギリス・オランダ系）、シェブロン（アメリカ系）が4大スーパーメジャーと呼ばれ、世界の石油市場を掌中《しょうちゅう》に収めている。

この4大スーパーメジャーは、かつて「セブン・シスターズ」と呼ばれたアメリカ系のエクソン、モービル、ソーカル、テキサコ、ガルフと、イギリス系のBP、イギリス・オランダ系のロイヤル・ダッチ・シェルの7社がルーツだ。

セブン・シスターズは第二次世界大戦以降、世界の石油市場を独占し、1960年代には石油市場の7割近くを占めていた。だが、1970年代の第一次オイルショックの際、OPEC（石油輸出国機構）が油田資産を国有化して利権を握ったことで、セブン・シスターズは市場での影響力を弱めてしまう。

その後、中東以外で新しい油田が開発され、国際カルテルに影響されない石油市場が誕生すると、アメリカやアジアの企業やヨーロッパの国営会社が次々と新規参入してきたため、セブン・シスターズはますます力を失った。

生き残りをかけたセブン・シスターズは、合併や再編を繰り返して対抗を試みる。その結果、誕生したのが現在の4大スーパーメジャーなのである。

M&Aによって、4社はふたたび石油市場を支配するようになった。だが、かつてのような強い影響力を取り戻すことはできず、あくまで一企業として価格交渉などに力を発揮している。

★★★資源メジャーと穀物メジャーの実体は？★★★

一方、鉱物資源業界では、BHPビリトン（オーストラリア・イギリス系）、リオ・ティント（オーストラリア・イギリス系）、アングロ・アメリカン（南アフリカ共和国・イギリス系）の3大メジャーが市場を独占している。そのほかエクストラータ（スイス系）、ヴァーレ（ブラジル系）などの「新興資源メジャー」も勢いが凄《すさ》まじい。

これらの資源メジャーは世界各地に拠点をもち、採掘から精製、製品化までを一手に行なっている。優良な資源を手に入れ、鉱種を多様化することを基本戦略としているため、各社とも積極的にM&Aを進めながら企業規模の拡大をはかってきた。リオ・ティントとBHPビリトンは、2000年から2007年にかけてM&Aを繰り返し、市場の寡占《かせん》に成功している。

最近はBHPビリトンがリオ・ティントに買収を仕掛けたがまとまらず、逆にリオ・ティント側から買収提案がなされたことで話題になった。こうした業界再編の流れは一過性のものではなく、今後もしばらく続くと見られている。

石油メジャー、資源メジャーと同様に、世界の穀物市場を支配しているのが穀物メジャーである。業界再編が進んだ結果、現在はアメリカのカーギルとADM（ア

各業界のメジャー

資源

現在の3大メジャー

- BHPビリトン（豪・英）
- アングロ・アメリカン（南アフリカ共和国・英）
- リオ・ティント（豪・英）

新興メジャー

- エクストラータ（スイス）
- ヴァーレ（ブラジル）

穀物

かつてのメジャー

- カーギル（米）
- コンチネンタル・グレイン（米）
- バンゲ（蘭）
- ドレフュス（仏）
- アンドレ（スイス）
- クック（米）

↓

現在の2大メジャー

- カーギル（米）
- アーチャー・ダニエルズ・ミッドランド（米）

石油

かつてのメジャー

（セブン・シスターズ）

- エクソン（米）
- モービル（米）
- ソーカル（米）
- テキサコ（米）
- ガルフ（米）
- BP（英）
- ロイヤル・ダッチ・シェル（英・蘭）

↓

現在の4大メジャー

- エクソンモービル（米）
- シェブロン（米）
- BP（英）
- ロイヤル・ダッチ・シェル（英・蘭）

ーチャー・ダニエルズ・ミッドランド）による寡占体制になっている。カーギルの年間売上高は9兆円にものぼり、アメリカのほとんどの食べ物に同社が関わっているといわれる。

　穀物メジャーの強みは、流通を合理化して大量の穀物を世界中に安価で輸送できることと、生産地の情報収集力を有していることだ。カーギルなどは、自前で人工衛星を飛ばしてまで情報を入手しているという。

　こうして見ると、資源争奪競争に勝ち残り、市場を支配するためには、どの業界でもM&Aを繰り返して巨大化する必要があるようだ。

各国の思惑

ロシア・ノルウェー等

北極海で沿岸各国による
資源争奪戦がはじまった!

★★★ 海底に国旗を立てたロシア ★★★

膨大な資源の宝庫である北極海の開発権をめぐり、ロシア、アメリカ、カナダ、ノルウェー、デンマークの5カ国のあいだで争奪戦が行なわれている。

北極海の海底には、全世界の未発見分の4分の1の石油や天然ガスが眠っているといわれる。ほかにもダイヤモンド、金、プラチナ、マンガンなどの豊富な鉱床があると推測され、開発権を手中にすれば多大な国益を得ることができる。そのため、資源の占有権を狙う沿岸の国々の熱気が日増しに高まってきているのだ。

先手を打ったのはノルウェーである。世界屈指の石油輸出大国ノルウェーは、最先端技術を駆使して北極海ではじめての本格的な海底ガス田の開発に成功した。海底から産出する天然ガスは、ノルウェーに巨万の富をもたらしている。

ロシアも負けていない。2007年8月、北極点の海底に国旗を立て本格的な海底調査に乗り出したのだ。ロシアの主張によると、北極海沿岸の海底から北方に延びるロモノソフ海嶺とメンデレーエフ海嶺は自国の領土の延長であり、海底資源の開発権もロシアにあるという。この海域は広さ約120万平方キロメートルに達し、日本の総面積の3倍を超える。

国連海洋法条約では、北極海沿岸の5カ国の陸地から200海里までは、その国のEEZ（排他的経済水域）として資源の領有が認められている（詳しくは68ページ参照）。問題は200海里よりも遠い中央の北極点の部分だ。現在はどの国にも属さない公海となっているが、国連海洋法では、大陸棚として地形が延びている場合、200海里に加えて経済水域として主張できると規定されている。ロシアは、この規定を根拠として開発の占有権を主張しているのである。

★★★温暖化による氷の減少が騒動のきっかけ★★★

カナダ、デンマーク、アメリカの3カ国もそれぞれ北極海の大陸棚における権利を主張しており、とくにロモノソフ海嶺については、デンマークとカナダが「自国の大陸棚である」とロシアへの対抗姿勢を強めている。

ロシアの国旗設置を知ったカナダは、北極圏内のレゾリュート湾に新たな軍事施設を建設すると宣言。さらにバフィン島北端に位置するナニシビク鉱山の深海港湾施設化を発表し、北極圏におけるカナダの主権を強調している。

デンマークも北極圏の領土権に関する調査に乗り出し、資源の占有権を主張している。

一方アメリカは、大西洋から太平洋に抜ける北西航路の自由通行権をめぐり、カナダをはじめとする沿岸国と対立を深めている。

2008年5月には関係各国が会議を開き、協調姿勢をとることで合意したが、10月になるとロシアが大陸棚の境界画定をめざす考えを明らかにしたため、問題解決にはいたらなかった。

このように、北極海の資源をめぐる争奪戦が激化しているのは、地球温暖化で北極海の氷が減って資源の開発が容易になったことや、海底掘削技術が一段と進歩したことなどが要因だ。しかし、北極海での資源開発が進むと、新たな二酸化炭素を生み出し、地球温暖化に拍車をかけることになるとも予想される。温暖化の進展は、北極圏に生息する野生動物の生態系や、イヌイットなどの先住民族の生活にも悪影響をおよぼすだろう。

かつては氷に閉ざされた辺境にすぎなかった北極海だが、地球温暖化が引き金となり、いまでは資源の宝庫として関係各国を競争に駆り立てている。

各国の思惑

中南米諸国

資源を国有化し、アメリカに対抗する国々の意図は?

★★★ 左派政権台頭の意味するところは? ★★★

中南米諸国の多くは石油や天然ガスなどの資源大国だ。しかし19世紀以来、実質的には政治・経済ともアメリカの支配下に置かれ、辛酸《しんさん》をなめ続けてきた。「アメリカの裏庭」という呼称が、その事実をよくあらわしているといえるだろう。

ところが、2000年代に入るとアルゼンチン、ベネズエラ、ボリビア、エクアドル、ブラジルなどで急進的な反米左派政権が次々に誕生し、アメリカ政府に大きな打撃を与えるようになった。左派政権は外資の設備や開発権を接収したり、資源を国有化して反米姿勢を強めているのである。

そんな中南米左派政権の急先鋒が、チャベス大統領率いるベネズエラだ。ベネズエラは世界でも有数の産油国だが、1999年にチャベス政権が誕生して以来、強硬な反米政策を推《お》し進めている。たとえば、2006年9月の国連総会でブッシュ大統領(当時)を「悪魔」呼ばわりし、同年までにすべての外資系石油事業を国有化してしまった。

チャベスが登場するまで、ベネズエラはエクソンやシェブロンなどの石油メジャーを積極的に招き入れていた。しかし、チャベスはその政策を大転換させて石油メジャーを徐々に排除してアメリカ依存の経済体制の打破を試みたのだ。ベネズエラの石油の半分以上は現在もアメリカへ輸出されているが、これによってアメリカが受けた打撃はけっして小さくない。

このベネズエラの動きに呼応するかのように、ボリビアのモラレス政権も2006年に油田・天然ガス田を国有化。さらにエクアドルのコレア政権も外資系石油企業の政府配当を50パーセントから99パーセントに引き上げている。

こうした反米政策の背景には、1990年代にアメリカやIMF（国際通貨基金）の主導によって広がった、市場経済化に対する反発がある。アメリカ政府とIMFは、中南米諸国の経済の行き詰まりを改革するため、急進的な経済自由化政策をとった。だが、これが逆に経済の混乱を招き、失業者が急増。国民の貧富の差を拡大させてしまう。そのため、国民のあいだで徐々に反米の気運が高まっていったのである。

資源の国有化を進める南米諸国

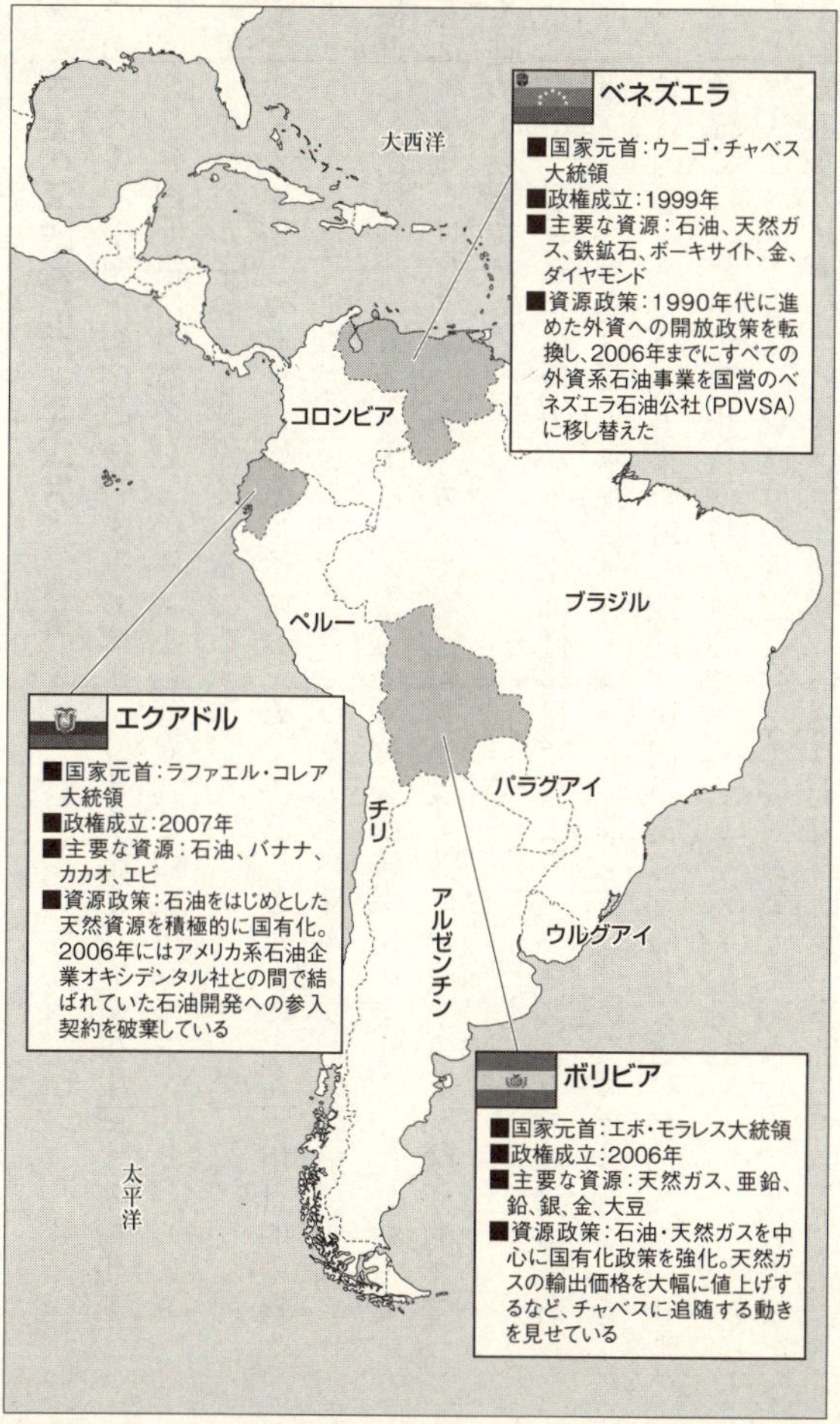
大西洋
太平洋
コロンビア
ペルー
ブラジル
チリ
アルゼンチン
パラグアイ
ウルグアイ
ベネズエラ
■国家元首：ウーゴ・チャベス大統領
■政権成立：1999年
■主要な資源：石油、天然ガス、鉄鉱石、ボーキサイト、金、ダイヤモンド
■資源政策：1990年代に進めた外資への開放政策を転換し、2006年までにすべての外資系石油事業を国営のベネズエラ石油公社（PDVSA）に移し替えた
エクアドル
■国家元首：ラファエル・コレア大統領
■政権成立：2007年
■主要な資源：石油、バナナ、カカオ、エビ
■資源政策：石油をはじめとした天然資源を積極的に国有化。2006年にはアメリカ系石油企業オキシデンタル社との間で結ばれていた石油開発への参入契約を破棄している
ボリビア
■国家元首：エボ・モラレス大統領
■政権成立：2006年
■主要な資源：天然ガス、亜鉛、鉛、銀、金、大豆
■資源政策：石油・天然ガスを中心に国有化政策を強化。天然ガスの輸出価格を大幅に値上げするなど、チャベスに追随する動きを見せている

★★★チャベス政権の行く末は?★★★

チャベスは、中南米諸国の統合を進めてアメリカ支配から完全に脱却する構想をもち、これを19世紀に中南米をスペインから独立させた英雄シモン・ボリバルにちなんで「ボリバル主義」と呼んでいる。

また、アメリカとの敵対姿勢を強化するため、イランとともに平和利用目的の核開発を行なうと発言したこともある。さらにロシアやベラルーシ、北朝鮮、中国にも接近し、関係強化にも力を入れている。とくに資源確保に奔走《ほんそう》する中国に対しては石油輸出量を増加させ、タンカーや石油精製施設を共同建設するなど積極的な外交を進めている。

ところが、2008年秋頃からの原油価格暴落により、ベネズエラの経済は転落をはじめ、チャベスの政策も暗礁《あんしょう》に乗り上げてしまった。潤沢《じゅんたく》なオイルマネーをバックに貧困層対策、公共事業や対外援助、民間事業の国有化などに努めてきたチャベス政権には、やがて終止符が打たれるだろうといわれている。

チャベスはベネズエラの資産は潤沢だと強気の姿勢を崩していないが、果たしてこの難局を切り抜けることができるのか。今後の展開に世界が注目している。

各国の思惑

ロシア

チェチェンの独立要求をかたくなに拒み続ける理由とは?

★★★なぜロシアとチェチェンは紛争を起こしたのか?★★★

憎しみが憎しみを呼ぶ、血の報復合戦――。チェチェン共和国とロシアの紛争はまさにそんな様相を呈した争いであり、そこには資源が大きく関わっている。

両国の対立は、帝政ロシアがカフカス地方を併合した19世紀にはじまる。カフカス地方はカスピ海と黒海にはさまれた山岳地帯に位置し、古来、言語や文化の異なるさまざまな民族が暮らしていた。

帝政ロシアは、この一帯を自国に組み入れようと植民地化を企て、チェチェン人と約50年にわたり戦争を繰り広げた。チェチェン人は必死に抵抗を試みたが、最後はロシアに併合されてしまった。

その後、帝政ロシアが滅びソ連が成立してからも、チェチェン人は独立を求めてたびたび反乱を起こす。そこで当時の指導者スターリンは、多数のチェチェン人をシベリアやカザフスタンへ移住させた。第二次世界大戦中の1944年のことである。彼らはスターリンが死んでから母国への帰還を認められたが、この間に約20万人ものチェチェン人が亡くなったといわれている。

1991年にソ連が崩壊すると、ソ連の構成国であったアルメニア、グルジア、アゼルバイジャンなどの共和国は次々と独立することになった。民族自決の道を選んだのである。このとき、チェチェンもカラチャイ・チェルケス、カバルディノ・バルカル、北オセチアなどの周辺の自治共和国とともに独立を求めたのだが、ロシアは連邦からの離脱を認めようとしなかった。

チェチェン以外の3つの自治共和国はロシアの威に屈し、渋々ながら独立を諦《あきら》めた。しかし、チェチェンだけは主張を曲げず、大国ロシアに真っ向から対峙《たいじ》し続けたのである。

1991年10月には大統領に就任したドゥダエフがチェチェンの独立を宣言。だが、ロシアのエリツィン大統領はこれを受け入れなかったため、1994年に第一次チェチェン戦争が勃発し、血で血を洗う惨劇が繰り広げられた。

この戦争により、チェチェンでは人口の10パーセントにあたる10万人が死亡し、経済は荒廃。1996年に停戦合意したものの、1999年にチェチェンの武装勢力が隣国ダゲスタン共和国へ侵攻したのを機に、第二次チェチェン戦争へと発展し

チェチェン共和国とパイプライン

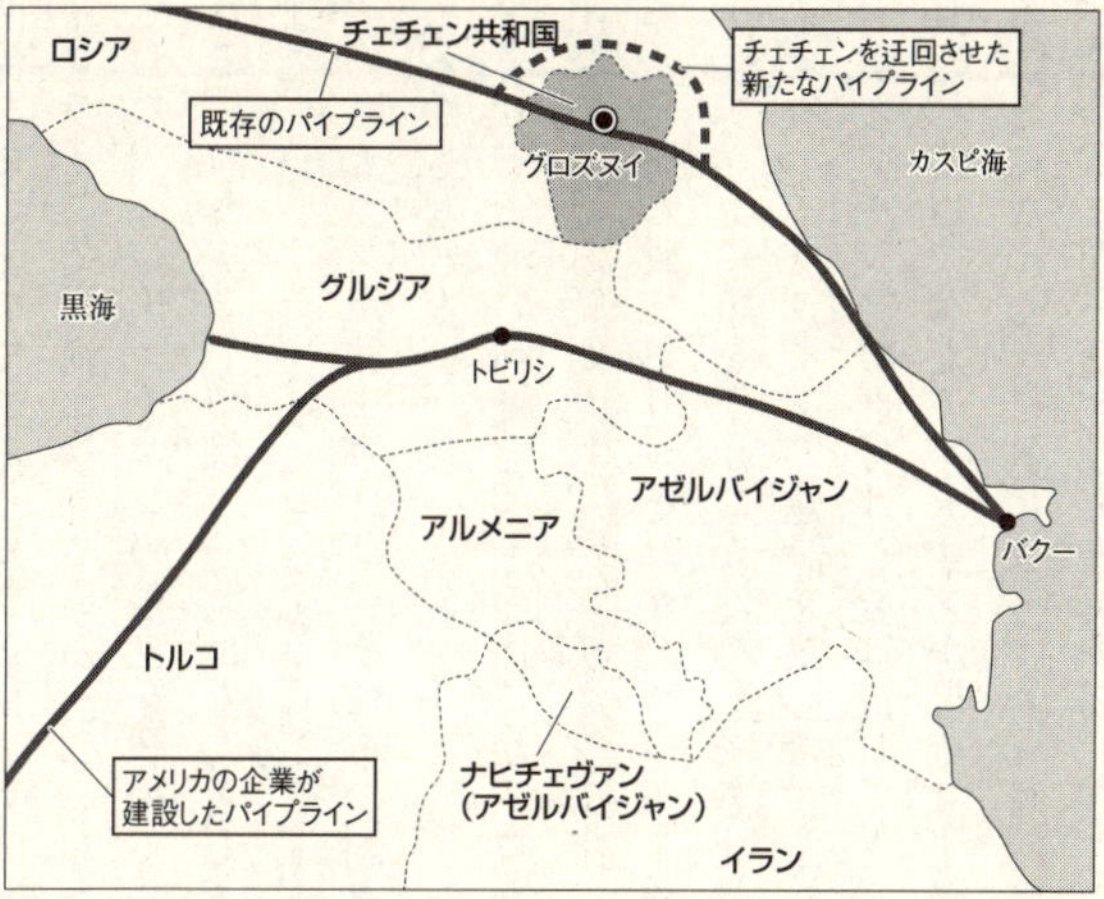
ロシア
チェチェン共和国
チェチェンを迂回させた
新たなパイプライン
既存のパイプライン
グロズヌイ
カスピ海
黒海
グルジア
トビリシ
アゼルバイジャン
アルメニア
バクー
トルコ
アメリカの企業が
建設したパイプライン
ナヒチェヴァン
(アゼルバイジャン)
イラン

ていく。

ロシアは強大な軍事力をもって武装勢力を一掃した。しかしチェチェンの独立運動は収まらず、一部の勢力はイスラム原理主義を信奉する国際テロ組織と結びつきを深めて数々のテロを実行した。

★★★パイプラインをめぐる利権争い★★★

ロシア南部では、独立を求めるチェチェンの武装勢力とロシア軍との睨《にら》み合いが、いまなお続いている。では、なぜロシアはここまでチェチェンの独立阻止にこだわるのだろうか。

その理由のひとつが、じつは石油

に関係しているのである。ロシアは、カスピ海のバクー油田で採れた良質の石油をパイプラインで黒海に送っている。このロシアのパイプラインはチェチェンを通過しており、もしチェチェンの独立を認めてしまえば、経済動脈上の利権を失うことになる。ロシアとしては、それはなんとしても避けなければならない。

また、ロシアにはチェチェンのほかにも独立を望んでいる民族共和国があるので、チェチェンが独立すれば、それらの国々もロシアから離反しようとする動きを強めるかもしれない。

つまり、石油の利権と国土の保持が、ロシアがチェチェンを手放そうとしない理由なのである。ただし、チェチェンのドゥダエフ側にも、石油利権をめぐる思惑があるといわれており、それが北カフカス情勢をさらに複雑化させている。

チェチェン紛争をなかなか沈静化できず業《ごう》を煮やしたロシアは、チェチェンを迂《う》回《かい》させるパイプラインの建設を決めた。しかし、その間にアメリカの企業がバクー油田からグルジアのトビリシを経由してトルコのシェイハンへいたるパイプラインを引いたため、本来チェチェンが得るはずだったパイプラインの通行料収益は奪われることになった。これにより、パイプラインの利権問題は存在しなくなるはずだが、情勢はまだ不透明なままである。

各国の思惑

日本・中国等

島国の日本にも存在する、資源の絡んだ領土問題

★★★無人島の海域に石油・ガス田が見つかった!★★★

世界各国の経済が危機に直面している今日にあっては、石油や天然ガスなどのエネルギー資源を確保することが国の経済成長の重要な鍵《かぎ》となることはいうまでもない。島国の日本でも、このエネルギー資源をめぐって隣国とのあいだで争いが起きている。それは、尖閣諸島の領有をめぐる中国との対立である。

尖閣諸島は石垣島の北、約175キロメートルの東シナ海に散在する島嶼《とうしょ》群《ぐん》で、5つの島と3つの岩礁《がんしょう》からなる。総面積は6・3平方キロメートルの何もない無人島だ。しかし1960年代後半、国連の調査によって、この周辺海域に豊富な石油・天然ガス田が存在する可能性が高いことがわかった。

この海域は太平洋戦争終結後、アメリカの管理下に置かれていた。しかし、1972年に沖縄とともに日本に返還されてからは、日本が実効支配を続けてきた。そのため、日本は当然のごとく自国の領土だと認識していたのだが、1970年から

中国も領有権を主張しはじめ、日本の先手を打ってガス田の開発に着手した。

中国は1970～1980年代は産油国であったが、経済成長が進むにつれて供給が需要に追いつかなくなり、1993年からは輸入国に転じている。このまま経済成長を続けていけば、今後はますます石油を他国に依存せざるを得なくなる。だからこそ、中国はなんとしてでも尖閣諸島を領有し、貴重なエネルギー資源を確保したいのである。

日本は1994年に発効した国連海洋法条約のEEZ（排他的経済水域）にのっとり、日本に領有権があると主張している。だが、中国も日本と異なるEEZの線引きをして、沖縄の西に近いところまでが自国のEEZだと反論する。

EEZとは自国の海岸から200海里（約370キロメートル）までの水域で、この範囲内であれば水産資源や鉱物資源などを自由に開発できる。ただし、海をはさんで隣国が近くにある場合、この範囲が重なる水域が出てくる。尖閣諸島近辺も重複水域であるため、日本は日中間に中間線を引いてEEZの境界にしようと提案した。しかし、中国は日本の妥協案を受け入れようとせず、日本からの抗議を無視して開発を進めている。

尖閣諸島周辺の状況

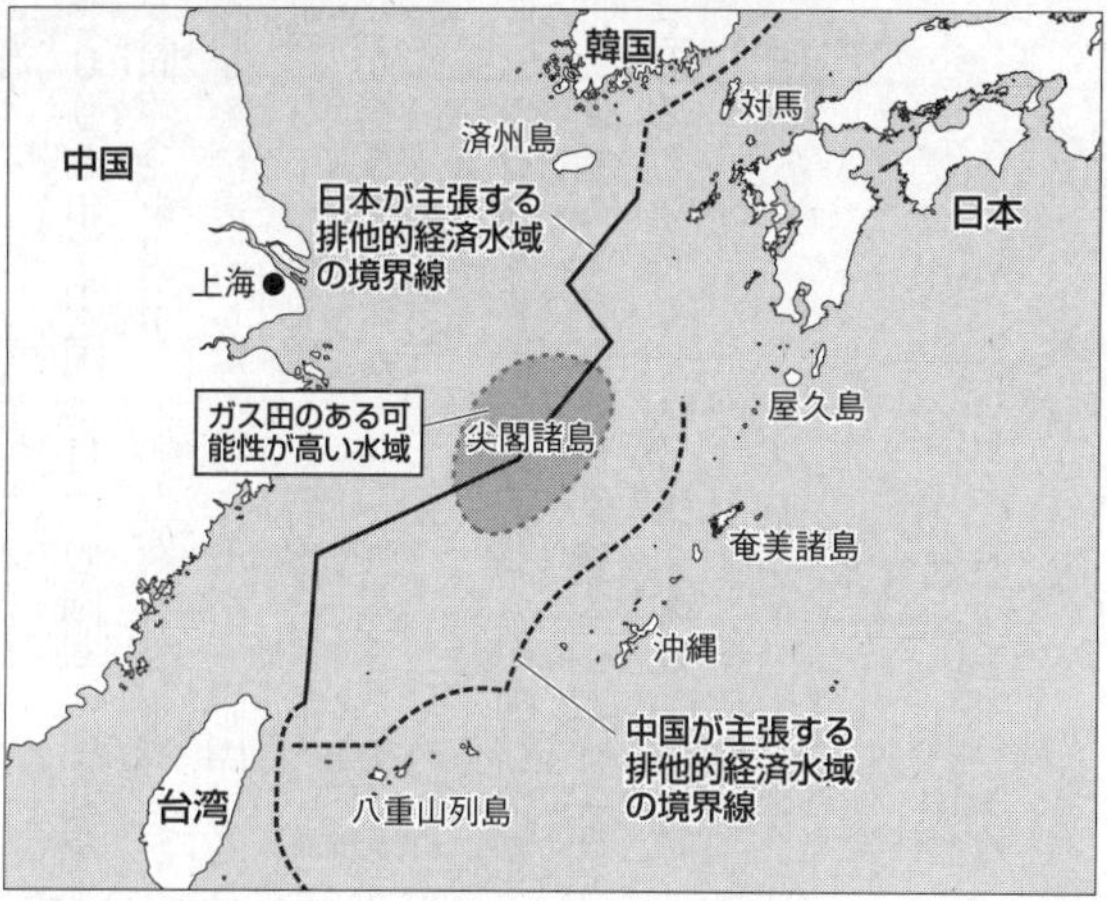
韓国
対馬
済州島
中国
日本が主張する
排他的経済水域
の境界線
日本
上海
ガス田のある可
能性が高い水域
尖閣諸島
屋久島
奄美諸島
沖縄
中国が主張する
排他的経済水域
の境界線
台湾
八重山列島

★★★ 深刻化する日本と中国の摩擦 ★★★

2004年には、中国の活動家7人が尖閣諸島に不法上陸し、沖縄県警が逮捕、国外追放するという事件が起きた。中国側の動きが活発化していることが明らかになったことで日本政府の姿勢も強硬になり、両国間は緊迫の度を増した。

ところが、2005年には中国の天外天ガス田（日本名・樫）が生産可能な状態になり、春暁ガス田（日本名・白樺）も生産体制が整ってきている。このままでは、尖閣諸島の海域に眠る天然資源のすべてが中国側に渡ってしまう可能性さえある。

2005年、中国は日中両国間の中間線よりも日本側の領域にある区域についての共同開発を提案してきたが、日本はこれを拒否し、春暁など4カ所のガス田の共同開発を再提案した。ところが、中国はこれを日本の抗議として受け止め、軍隊まで動員して一歩も譲らぬ姿勢を見せた。続いて2006年にも中国から新たな共同開発が提案されたが、日本側はまたもや拒否。現在のところ、解決の目処《めど》はまったく立っていない。

世界の石油消費量を見ると、中国は世界2位、日本は3位になっている。いずれも世界屈指のエネルギー消費大国だ。尖閣諸島の資源をめぐる両国の摩擦が早期解決されることはないのかもしれない。

各国の思惑

中国・ベトナム等

南シナ海で繰り広げられる海底資源の領有権争い

★★★東南アジアの美しい海には膨大な資源が眠っている★★★

ベトナム、マレーシア、ブルネイ、フィリピン、中国、台湾に囲まれた南シナ海が、にわかに脚光を浴びている。それは、この海域に膨大な石油・天然ガスが埋蔵されていることがわかったからだ。北の中国と台湾、東のフィリピン、西のベトナム、南のブルネイとマレーシアの周辺諸国は、この資源を重要な国益と見なしている。そのため、今後、領有権争いが激化するのではないかと懸念する向きがある。

南シナ海にはスプラトリー（南沙）諸島とパラセル（西沙）諸島があり、資源は両諸島を中心に埋蔵されていると見られている。とりわけスプラトリー諸島については、領有をめぐって武力衝突が起きたことがあるほど各国とも執着を見せてきた。

スプラトリー諸島は南シナ海の最南端に位置しており、大小600以上の小島や岩礁から成り立っている。数は多いが、最大の太平島でさえ約0・4平方キロメートルの広さしかなく、満潮時には水没してしまうくらいちっぽけな群島だ。そんなスプラトリー諸島の領有権を求め、周辺の6カ国がそれぞれ名乗りを上げた。この諸島を領有することで、天然資源の宝庫であり、重要な輸送航路でもある海域を手中に収められると考えたからである。

★★★領有権はどの国にあるのか？★★★

もっとも強く領有権を主張したのは中国だった。中国は１９９２年に領海法を制定し、スプラトリー諸島の岩礁を武力占拠したり、諸島の東端にあるミスチーフ岩礁の建造物を強化したりと強硬姿勢を示した。

これに対し、フィリピンはどの国よりも警戒の色を強めた。ミスチーフ岩礁はフィリピンの国土であるパラワン島からわずか２１５キロメートルの距離にあり、国防上の重要な問題になるからだ。じつはフィリピンにも１９７９年に諸島の領有を宣言したという過去があり、ＥＥＺを基本として8つの島を実効支配してきた。また、諸島の西北部に位置するパグアサ島に空軍の滑走路を敷設したこともあって、中国の動きを見逃すわけにはいかなかったのである。

ベトナムも諸島の領有権を主張し、１９７４年と１９８８年に中国と武力衝突を引き起こしている。ＥＥＺを基本に20以上の岩礁を占拠したベトナムは、そこに滑

南シナ海の資源争い

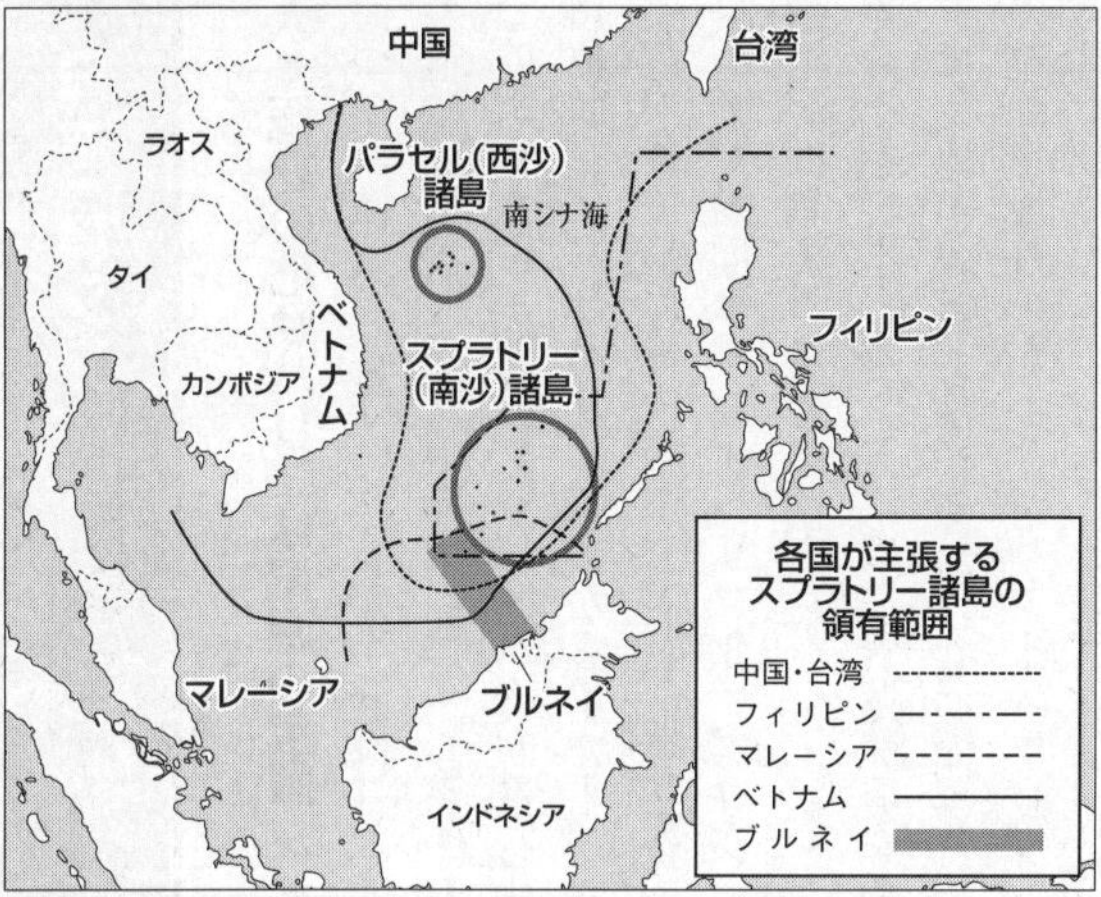
中国
台湾
ラオス
パラセル(西沙)
諸島
南シナ海
タイ
ベトナム
フィリピン
スプラトリー
(南沙)諸島
カンボジア
マレーシア
ブルネイ
インドネシア
各国が主張する
スプラトリー諸島の
領有範囲
中国・台湾
フィリピン
マレーシア
ベトナム
ブルネイ

走路をつくり、兵士を駐屯させたのである。また、マレーシアも自国に近い岩礁を占拠して軍隊を派遣。台湾は諸島最大の太平島と南沙島を占拠し、中国の南下を警戒している。

　このようにスプラトリー諸島の領有をめぐって、関係各国が神経過敏になっているなか、２００８年に中国の調査により莫大《ばくだい》な量のメタンハイドレートが確認された。その量はなんと石油１８５億トンに相当するという。同年11月、中国はこの地層の試験採掘の準備に入ると宣言したが、これがより具体化してくれば、6カ国の領有権争いはますます激化するに違いない。

各国の思惑

日本・ロシア

ロシアに横やりを入れられた「サハリンⅡ」プロジェクト

★★★ 極寒の地サハリンは資源の宝庫 ★★★

かつて「樺太《からふと》」と呼ばれ、南半分は日本領だったロシア・サハリン州。この極寒の大地には、手つかずの膨大なエネルギー資源が眠っているといわれており、現在9つのエネルギー開発プロジェクトが進行中だ。

州都ユジノ・サハリンスクから車で1時間ほど北に向かうと、海沿いに広大な敷地が広がり、世界最大級のLNG（液化天然ガス）プラントがあらわれる。これは、日本企業が参加する「サハリンⅡ」プロジェクトの施設で、2008年からLNGの輸出がはじまっている。

そもそも日本とロシアには、資源開発をめぐる共通の歴史がある。1975年、日本はソ連（当時）と契約を結び資源開発に着手、実際に石油・ガス田を発見した。この流れを汲むのが「サハリンⅠ」プロジェクトだ。サハリンⅠではアメリカ系石油メジャーのエクソンモービルが中心となり、日本の伊藤忠商事、丸紅なども参入して石油や天然ガスの生産を行なっている。

一方、「サハリンⅡ」は島の北東部で石油や天然ガスを採掘し、南部のアニワ湾まで約800キロメートルのパイプラインを建設して運ぶプロジェクトである。

1999年に大綱が決定し、はじめはロシア政府が権益を独占するはずだったが、当時はソ連崩壊後の経済混乱期だったため、プロジェクトは外国資本に売られることになった。権利を買い取ったのはイギリス・オランダ系石油メジャーのロイヤル・ダッチ・シェルと日本の三井物産、三菱商事の3社で、この3社が共同開発会社「サハリン・エナジー・インベストメント」を設立して推進にあたった。

出資比率はロイヤル・ダッチ・シェルが55パーセント、三井物産25パーセント、三菱商事20パーセントとなっており、開発にかかる事業費を回収するまでは3社で利益を独占し、回収した後はロシア政府と利益を折半するという契約だった。将来的にはパイプラインを北海道まで延ばして、日本に天然ガスを輸送する計画も立てられていたといわれている。

★★★ロシアから突然の横やりが入った★★★

ところが2006年、ロシアはパイプラインの建設によって環境が破壊されると

サハリンにおけるエネルギー計画

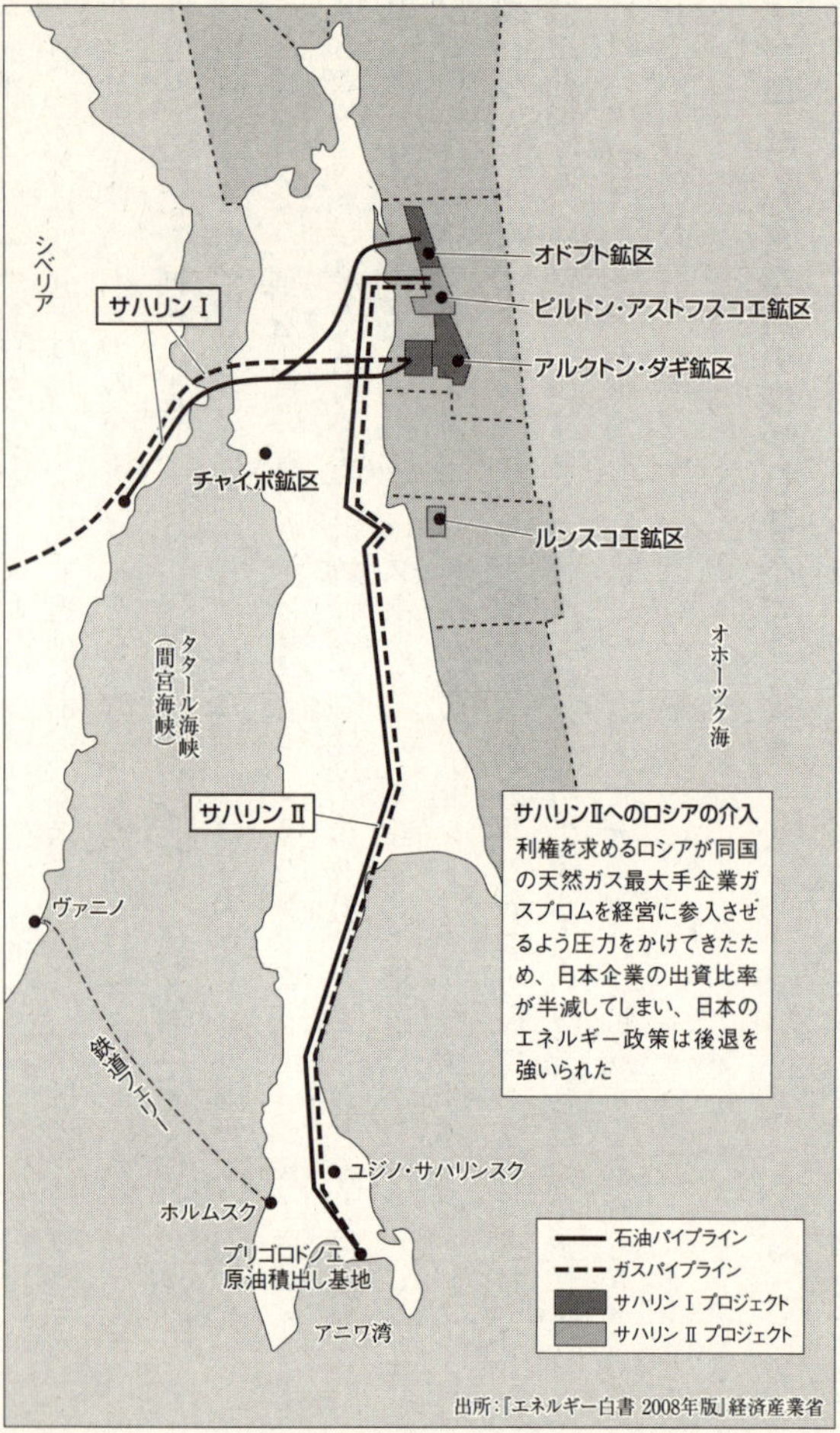
シベリア
サハリンⅠ
オドプト鉱区
ピルトン・アストフスコエ鉱区
アルクトン・ダギ鉱区
チャイボ鉱区
ルンスコエ鉱区
タタール海峡（間宮海峡）
オホーツク海
サハリンⅡ
サハリンⅡへのロシアの介入
利権を求めるロシアが同国の天然ガス最大手企業ガスプロムを経営に参入させるよう圧力をかけてきたため、日本企業の出資比率が半減してしまい、日本のエネルギー政策は後退を強いられた
ヴァニノ
鉄道フェリー
ユジノ・サハリンスク
ホルムスク
プリゴロドノエ
原油積出し基地
アニワ湾
石油パイプライン
ガスパイプライン
サハリンⅠプロジェクト
サハリンⅡプロジェクト

出所：『エネルギー白書 2008年版』経済産業省

いう理由で、サハリンⅡの中止命令を出した。じつは、この環境破壊というのは建て前にすぎない。ロシアにもサハリンⅡの利権を分けろというのが本意だったらしく、以後、ロシアはサハリンⅡへの関与を強めていった。そして、ついにはロシアのガスプロム社を参画させるよう要請してきたのだ。

ガスプロムは世界最大の天然ガス会社である。2008年に新大統領となったメドベージェフ氏が会長をつとめており、株式の過半数をロシア政府がもつ半国営企業といえよう。最近では国内だけにとどまらず、ヨーロッパ各国のエネルギー関連会社を買収して市場の独占化をはかっている。

ロイヤル・ダッチ・シェルなど3社は、このガスプロムの参入に強く反発したものの、結局、サハリン・エナジー・インベストメントの5割を超える株をガスプロムに売却することを決めた。プロジェクトを進行させるには、ロシア側の要求を受け入れる以外に方法がなかったのである。

現在、ロシアは資源開発から外国籍企業を排除し、国家が資源を管理する「資源ナショナリズム」の姿勢を強めている。そんなロシアと、今後どのように付き合っていけばよいのだろうか。日本はいま、難しい局面に立たされている。

各国の思惑

インドネシア

資源収益をめぐり、紛争が絶えない
東南アジアの多民族国家

★★★ 泥沼化してしまったアチェ紛争 ★★★

インドネシアは、大小1万3000もの島々に約300もの民族が暮らす多民族国家である。そのため、1945年にスカルノ大統領が独立を宣言したときから民族の統一が困難だった。それに加え、豊富な天然資源が国民を権益争いに駆り立てることもあり、長く不安定な状態が続いている地域がある。

とくに激しい内紛が起きたのが、スマトラ島最北部に位置するアチェ州とニューギニア島の西半分のパプア州だ。

アチェは15世紀末にスマトラ島最北部に栄えた王国で、19世紀後半にオランダ領となるまで独立を保ってきた。インドネシア独立時には、他のオランダ領同様インドネシアに併合されてしまったが、アチェ人は独立を求めて武装組織GAM（自由アチェ運動）を立ち上げた。そして、インドネシア政府軍と激しい衝突を繰り広げたのである。

アチェ人が要求したのは独立だけではない。資源の権益をも求めた。アチェには石油や天然ガスが豊富に埋蔵されており、そこから得られる権益はインドネシア政府が握っていた。政府はアチェ人に一定の自治を与えていたものの、その収奪ぶりは甚《はなは》だしく、「資源を自分たちの手に取り戻そう」というのがアチェ人の独立への動機づけになったのである。現在、この紛争は収拾の方向に向かっているが、ここにいたるまでに1万人もの人々が犠牲になったという。

★★★ニューギニア島のパプアが抱える問題★★★

ニューギニア島西半分のパプア州での紛争もアチェと同じような理由から起こっている。インドネシア独立時、パプアはオランダ領だった。しかし、オランダの思惑もあって、1963年にインドネシアに併合されてしまう。それでもパプア人の独立を求め続け、OPM（パプア独立組織）を結成して政府軍と闘争を行なってきた。

インドネシア政府がパプアの領有にこだわったのは、この地が石油や天然ガス、金、銅などの資源に恵まれていたからだった。パプアにあるグラスバーグ鉱山は、アメリカのフリーポート・マクモラン社が開発したものだが、金鉱石の生産量は世

インドネシアの内紛

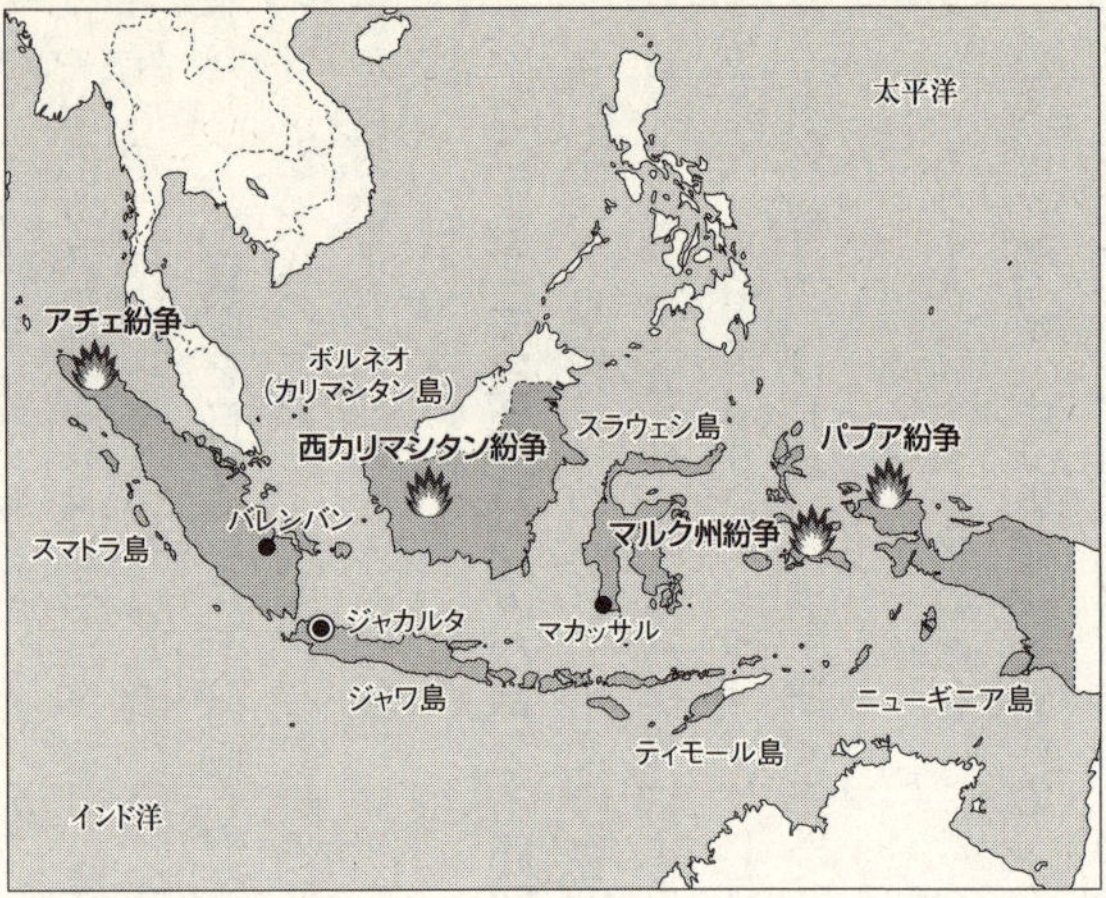
太平洋
アチェ紛争
ボルネオ
（カリマシタン島）
西カリマシタン紛争
スラウェシ島
パプア紛争
マルク州紛争
バレンバン
スマトラ島
ジャカルタ
マカッサル
ジャワ島
ニューギニア島
ティモール島
インド洋

界最大、銅は世界3位の規模を誇る。

スハルト大統領はこの鉱山の権益に目をつけた。そして同社と契約を結び、ジャワ人をパプアの先住民の土地に移入させた。これがパプア人の独立心に火をつけ、政府とのあいだで熾烈《しれつ》な争いが生じることになったのである。

近年は、イギリス系企業の液化天然ガス開発が行なわれているが、この開発事業の収益も、パプア人にどれだけ還元されるか不透明である。十分に還元されなければ、新たな紛争の火種になる可能性もある。

各国の思惑

イラク

深刻化する北部の油田地帯
キルクークの帰属問題

★★★紛争の絶えないイラクは世界屈指の石油大国★★★

湾岸戦争、イラク戦争と戦争が相次ぎ、いまも武力衝突やテロが絶えないイラクだが、潜在的には世界2位の石油埋蔵量を誇る資源大国である。1991年の湾岸戦争以前は毎日350万バレルもの石油を生産しており、まだ1000億バレルとも2000億バレルともいわれる埋蔵量が残っている。

そんなイラクの北部には、キルクークという同国最大規模の油田地帯がある。確認埋蔵量は100億バレル。2007年3月現在、ここから1日100万バレルの石油が輸出されており、パイプラインをフル稼働させれば、280万バレルまで輸出可能になる。

しかし、キルクークはイラクの〝時限爆弾〟ともいわれている。この地に暮らすクルド人、トルクメン人、アラブ人のあいだでキルクークの帰属をめぐる対立が深刻化し、流血の事態も招きかねない緊張状態が続いているのだ。そして、この民族対立をより複雑にしているのが、石油の利権問題なのである。

キルクークには、もともとトルクメン人が40パーセント、クルド人が35パーセント、アラブ人が24パーセント住んでいた。だが1980年代以降、フセイン大統領（当時）は10万人以上いたといわれるクルド人とトルクメン人を追放し、代わりにアラブ人を入植させるというアラブ化政策を推し進めた。フセインはキルクークの油田を手に入れるために、意図的に人口構成を変化させたのである。

その後、フセイン政権が崩壊すると、故郷を追われたクルド人たちが次々に帰還してきて、クルド人自治区への帰属を主張しはじめた。これに対して、アラブ人は反対の姿勢を強硬に示し、クルド人との対立を深めていった。

★★★クルド人国家の樹立には石油が不可欠★★★

クルド人はキルクークの油田を奪還したうえで、クルド人自治区に帰属することを望んでいる。そうなれば、豊富な石油を元手に国際社会と交渉を行なえるようになり、クルド人自治区を国家として認めさせることが可能になるからだ。クルド人は独立のための財政基盤として石油利権を欲しているのである。

しかし、アラブ人はこのクルド人の動きを黙って見ているわけではない。油田の

イラク最大規模の油田地帯・キルクーク

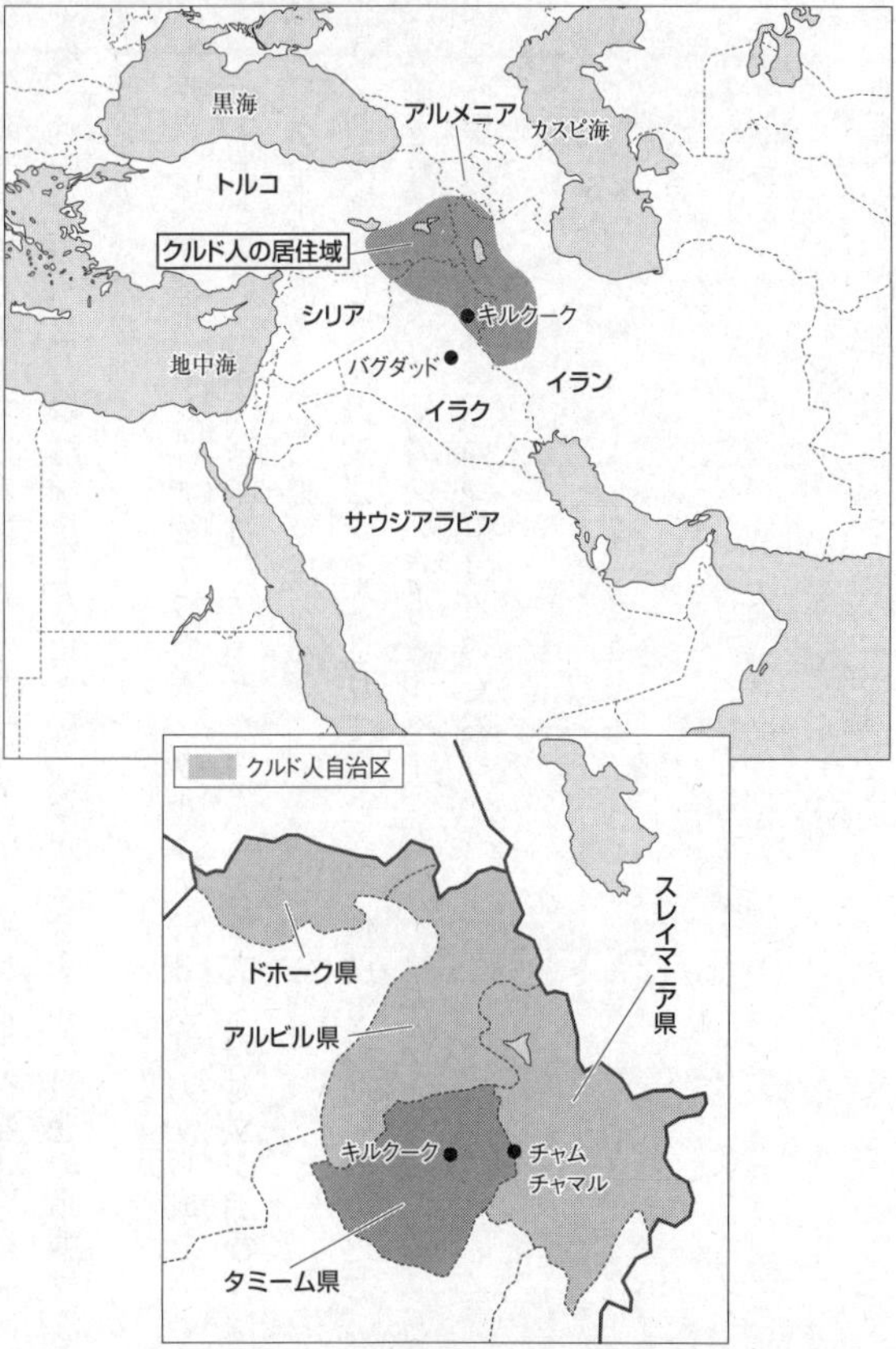
黒海
アルメニア
カスピ海
トルコ
クルド人の居住域
シリア
キルクーク
地中海
バグダッド
イラン
イラク
サウジアラビア
クルド人自治区
ドホーク県
アルビル県
スレイマニア県
キルクーク
チャムチャマル
タミーム県

クルド人は中西部に多いスンニ派アラブ人、南部に多いシーア派アラブ人とともにイラクの３大勢力の一角を占める。現在、キルクークは自治州に組み入れられていないが、クルド人は奪還を諦めていない少ない中西部に多く在住するスンニ派のアラブ人は、キルクーク死守を声高に叫んでいる。油田を失うことは財源を失うことにつながる。そんな最悪の事態はなんとしても回避したいのだ。

イラクはシーア派とスンニ派のアラブ人、クルド人の3大勢力から成り立っている。シーア派とスンニ派の宗派対立に、クルド人とアラブ人の対立が加われば、混乱はイラク全土に波及すると推察される。

当初、解決策として住民投票が予定されていたが、何度も延期を繰り返し、いまだに実施されていない。そのあいだもキルクークではテロが頻発している。石油に起因する民族間の緊張は、いつ解けるのだろうか。

各国の思惑

アメリカ・中国

スーダンの石油利権を求めて繰り広げられる米中の代理戦争

★★★北アフリカ・スーダンの内戦を複雑化させたのは石油★★★

アメリカと中国が代理戦争を繰り広げている国がある。北アフリカのスーダンである。この国では1983年以来、21年間にわたって内戦が続いた。さらに2003年には「世界最大の人道危機」と呼ばれるダルフール紛争が勃発し、大量虐殺が行なわれ、世界の注目を集めた。

もともとこの紛争は、スーダン北部に住むイスラム教徒のアラブ人と、南部に住むキリスト教徒の黒人による民族紛争だったが、1978年に同国南部で石油が発見されたため、一段と戦線が拡大し、複雑化していったという経緯がある。

スーダン内戦の発端は1899年にまでさかのぼる。この年、スーダンはイギリスとエジプトの共同統治領になった。イギリスは北部のアラブ人を優遇し、南部の黒人を差別して奴隷狩りの対象にした。これによって生じた両民族の対立構造が、後々まで影響をおよぼすことになる。

1956年、スーダンは独立を果たしたが、政権を握った北部のアラブ人はイギリスと同じように南部の黒人を差別し、彼らにアラブ・イスラム化を強《し》いた。これに対し、黒人が反政府ゲリラを組織して抵抗を試みたため、最初の内戦が勃発したのである。1972年になって平和協定が結ばれたものの、政府はそれを守らず、以後も紛争の火種はくすぶり続けた。

そんな不穏な情勢のなか、1978年に南部で石油が発見される。政府は石油の利権を独占するために南部への弾圧を強化。しかし、政府軍内には南部出身者もおり、彼らはSPLA（スーダン人民解放軍）を結成して政府軍に反旗を翻《ひるがえ》した。これが2度目の内戦のはじまりだ。

内戦は次第に混迷の度を深め、収拾がつかなくなっていく。そこに乗り出してきたのがアメリカと中国だった。アメリカは、スーダン政府がアルカイダの支援を行なったことに対抗して、1990年代半ばから反政府軍のSPLAに軍事援助をはじめた。一方、中国はスーダン政府に肩入れし、武器を供与した。そして、その見返りに石油利権の大半を手中に収めたのである。

アラブ人と黒人による争いは、いつのまにかアメリカと中国の代理戦争となっていたわけだ。

民族浄化が行なわれているダルフール地方

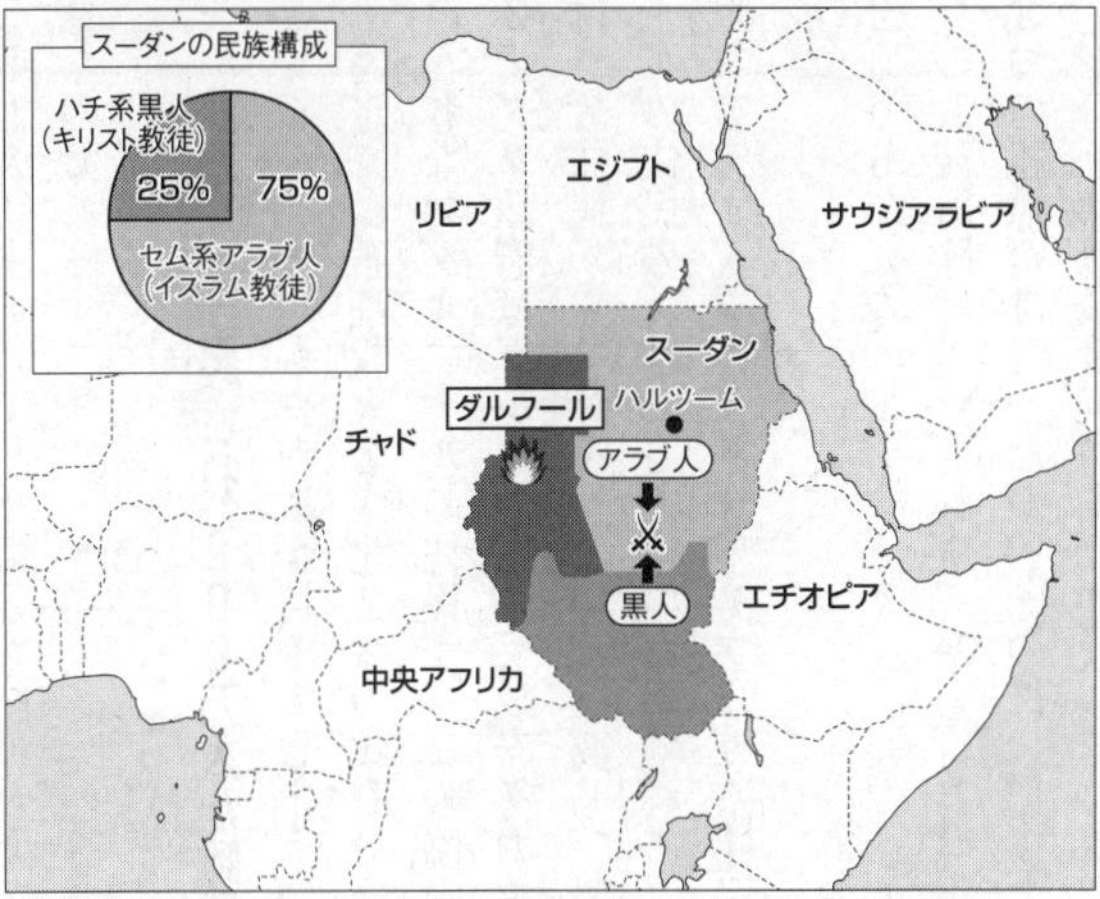
スーダンの民族構成
ハチ系黒人（キリスト教徒）
25%
75%
セム系アラブ人（イスラム教徒）
リビア
エジプト
サウジアラビア
スーダン
ハルツーム
ダルフール
チャド
アラブ人
黒人
エチオピア
中央アフリカ

スーダンの石油企業の最大株主になった中国は、ナイル川奥地にある油田から紅海沿岸までのパイプライン建設を手がけるなど、積極的に開発投資を進めた。一方のスーダン政府は、中国から得た収入を武器の購入にあて、反政府勢力の弾圧を行なう。この石油の利権構造がスーダンの人々に与えた影響は、はかりしれないものがある。

泥沼の内戦を終わらせたのはアメリカである。スーダンの石油を手に入れたいアメリカは、スーダン政府への経済制裁をやめて歩み寄りをはじめた。すると、スーダン政府は改革の姿勢を見せ、２００４年に政府とSPLAのあいだで和平協定が結ばれた。長く続いた南北の内戦は、一応の終結を見たのである。

★★★20万人が虐殺され、200万人が難民に★★★

ところが、またもや内戦が起きてしまう。2004年の和平は失敗だったのだ。和平協定では石油収入を南北2つの政府で分けることになっていたが、利益配分を受けられないダルフールの住民が、この協定に反発した。スーダン政府はダルフールの反政府勢力を攻撃。アラブ系民兵ジャンジャウィードは一般住民から掠奪《りゃくだつ》を行ない、強姦し、最後は殺害におよんだ。殺害されたダルフールの住民の数は20万人といわれている。また、政府は石油開発地域を確保するためにアラブ人を移入させ、アフリカ系住民を追放したため、200万人が難民となった。

2006年になって、ようやくダルフール和平協定が成立した。だが、アラブ系民兵の武装解除は実行されず、暴力行為はエスカレート。紛争発生当初、反政府軍は2つの組織だけだったが、その後、13以上の組織に分裂して政府に対抗し、ダルフール紛争は地域紛争にまで拡大している。

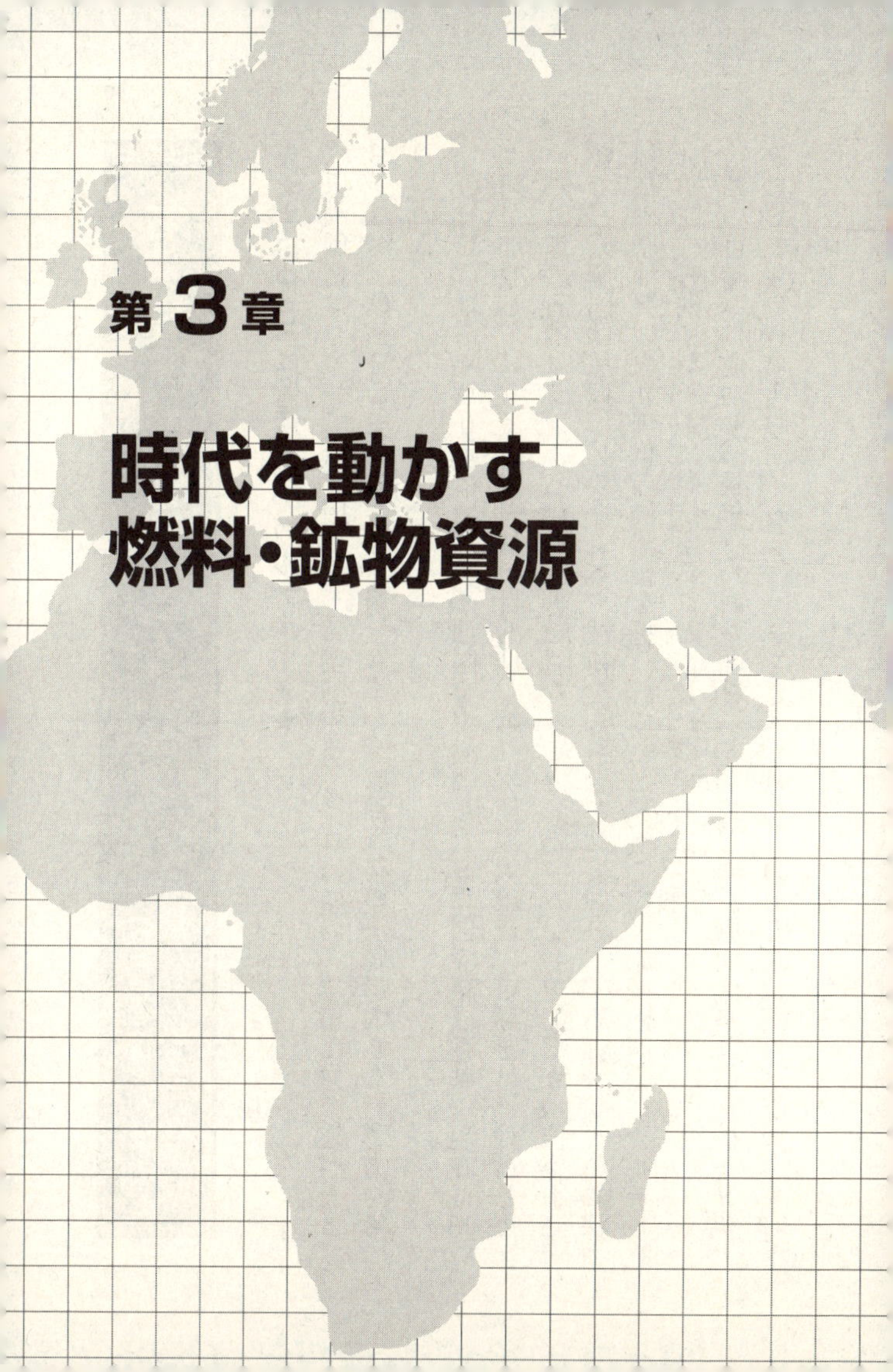

第3章

時代を動かす燃料・鉱物資源

石油①

「OPEC」はどんな役割を果たしているのか?

★★★ OPECは産油国のカルテル ★★★

原油価格はさまざまな要因によって変動する。それについては第1章で述べたとおりだが、ＯＰＥＣ（石油輸出国機構）もまた、原油価格の決定に大きな影響力をもっている。

ＯＰＥＣは１９６０年に中東の産油国を中心とした5カ国で結成され、現在は13カ国が加盟している。設立当初の目的は、第二次世界大戦後、市場をほぼ独占していた欧米の石油メジャーと価格交渉を行なうことにあった。ＯＰＥＣが設立されるまで、原産国は採掘に必要な資本や技術をもち合わせておらず、石油メジャーに採掘権や原油買い取り価格の決定権を握られていた。そこで、原産国同士がカルテルを結び、石油メジャーに対抗することにしたのである。

この目論《もくろ》みは成功し、長年１バレル＝２～３ドルだった原油価格は徐々に上昇。そして１９７０年代のオイルショックをきっかけに、ＯＰＥＣは石油メジャーを押さえ込んだ。その結果、1980年には1バレル＝34ドルにまで引き上げられたのである。

★★★価格決定機関から生産量調整役へ★★★

ところが、この原油価格の高騰が思わぬ事態を引き起こす。人々は高額な石油に代わるエネルギーを希求し、天然ガスや原子力といった新エネルギーの開発を加速させたり、北海やアラスカなどの油田開発を急ピッチで進めた。それにより、最盛期の1970年代に約56パーセントを占めていたOPECのシェアが、1985年には約29パーセントにまで激減してしまったのである。

OPECは生産制限を行ない、価格の維持に努めたものの、原油価格は一時1バレル＝10ドルを割り込む事態に陥った。そして、ついには価格支配力を失った。

しかし、2000年前後になると中国やインドなどの新興国が経済発展を推し進めたため、ふたたび原油の需要が高まっていく。また、OPEC以外の原産国とも協力して減産に踏み切ったこともあり、OPECのシェアは上昇。価格も1バレル＝30ドルに回復した。

現在のOPECの原油生産シェアは世界の4割を占め、埋蔵量シェアになると7

OPEC加盟国と1日あたりの原油生産量

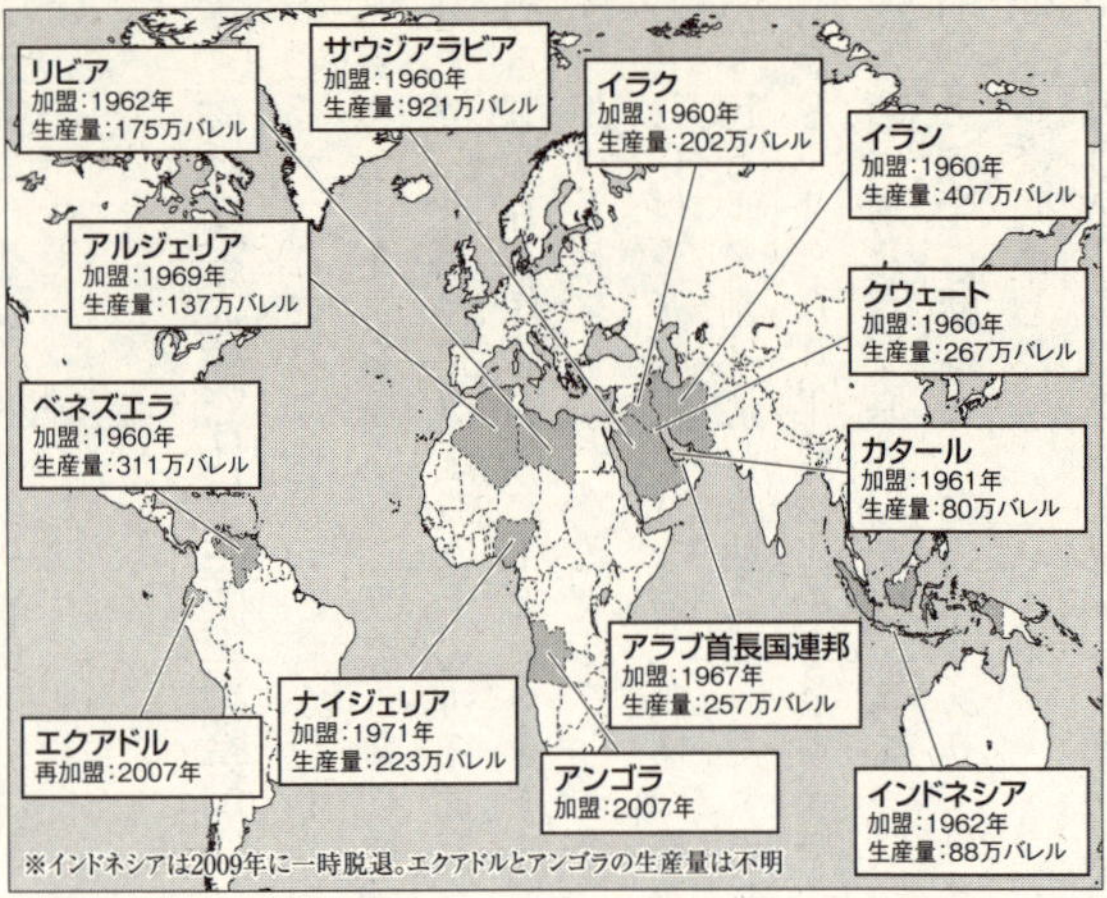
リビア
加盟:1962年
生産量:175万バレル
サウジアラビア
加盟:1960年
生産量:921万バレル
イラク
加盟:1960年
生産量:202万バレル
イラン
加盟:1960年
生産量:407万バレル
アルジェリア
加盟:1969年
生産量:137万バレル
クウェート
加盟:1960年
生産量:267万バレル
ベネズエラ
加盟:1960年
生産量:311万バレル
カタール
加盟:1961年
生産量:80万バレル
アラブ首長国連邦
加盟:1967年
生産量:257万バレル
ナイジェリア
加盟:1971年
生産量:223万バレル
エクアドル
再加盟:2007年
アンゴラ
加盟:2007年
インドネシア
加盟:1962年
生産量:88万バレル

※インドネシアは2009年に一時脱退。エクアドルとアンゴラの生産量は不明

割超という規模に達する。今後、生産シェアが拡大すれば、OPECはかつてのように価格支配力を強めることができるかもしれない。

ただし、1980年の原油価格の急騰が、長期的には自分たちの立場を苦しいものにしたという反省から、近年のOPECは一方的な原油価格上昇を主張することはなくなった。むしろ原産国、生産国ともに納得できる価格を安定して長期的に保つことを目的とし、価格の決定は市場に任せつつ、需要と供給のバランスを保つために同盟国の生産量の管理をおもな役割としている。

燃料・鉱物資源

石油②

日本にも石油の産出する場所がある!

★★★国内トップは北海道・勇払油田★★★

産油国といえば、誰しも中東やロシアなどを思い浮かべるだろうが、じつは日本にも油田がある。日本国内の原油生産量はゼロではないのだ。

たしかに、日本は国内の石油消費量の99・6パーセントを外国からの輸入に頼っている。だが、1880年代から油田開発が行なわれており、北海道、秋田県、新潟県などの日本海側に油田が存在する。そして、それらの油田では、少ないながらも国産の石油が生産されているのである。

国内でもっとも生産量の多い油田は北海道の勇払《ゆうふつ》油田で、年間25万5000キロリットルを産出する。2位の新潟県の南長岡油田は17万4000キロリットルだから、勇払油田は突出した量といえよう。ただし、国内すべての油田を合わせても年間約90万キロリットル(2006年)にしかならず、これでは国内消費量の1日分しかまかなえない。

では、なぜ日本では原油があまり採れないのか。

それは、海流の影響によって新鮮な海水が絶えず海底を流れているせいで、海底に沈んだ堆積物がすぐに分解されてしまうからだ。石油は生物遺骸が長い時間をかけて液状化したものといわれており、堆積物が分解されてしまっては石油にならないのである。

★★★日本は石油の「自主開発」を行なっている★★★

日本の油田は、どこも埋蔵量が少なく期待はできない。しかし、世界ではすでに石油の争奪戦がはじまっている。輸入に頼りきっていると、有事の際に石油を利用できなくなってしまう。そこで日本では、石油を安定供給するために自主開発に力を入れている。自主開発とは、日本企業が海外の油田の権益を保有して開発事業を行なうことを意味する。２００４年度の原油輸入量のうち、11パーセントはこの自主開発によって産出されたものだった。

しかし、日本企業は欧米などの巨大企業に比べると規模が小さい。そのため、最近は思うように自主開発を進められず、世界の多くの油田が欧米諸国やＢＲＩＣｓに握られつつある。石油は経済の生命線であるだけに、早急な対策が求められる。

日本のおもな油田と生産量の推移(2006年)

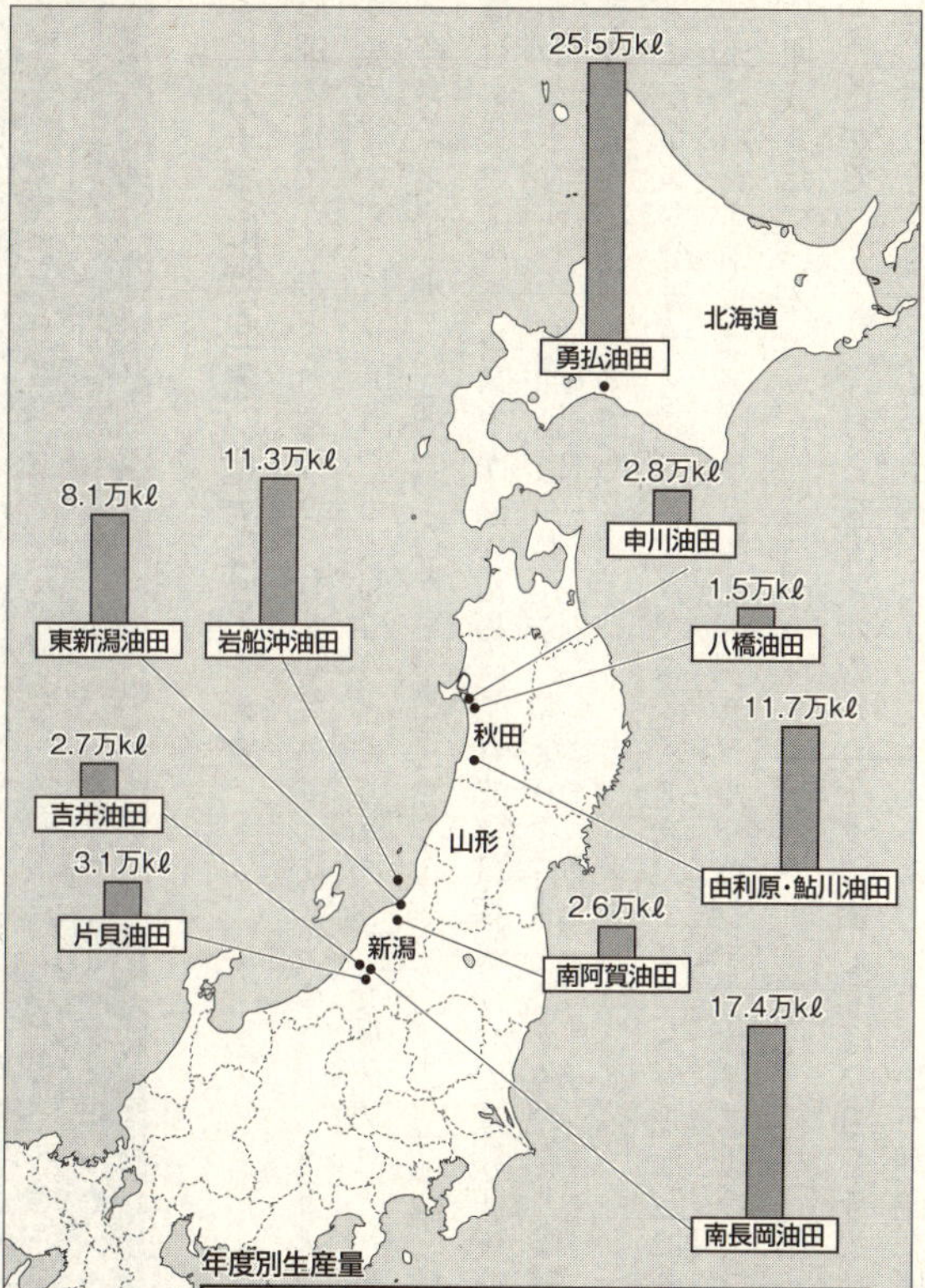
25.5万kℓ
勇払油田
北海道
11.3万kℓ
岩船沖油田
8.1万kℓ
東新潟油田
2.8万kℓ
申川油田
1.5万kℓ
八橋油田
11.7万kℓ
由利原・鮎川油田
秋田
2.7万kℓ
吉井油田
3.1万kℓ
片貝油田
山形
新潟
2.6万kℓ
南阿賀油田
17.4万kℓ
南長岡油田

年度別生産量

年	2002	2003	2004	2005	2006
原油生産量(万kℓ)	75.6	83.0	86.0	91.1	90.5
海上での生産分(万kℓ)	15.8	18.6	16.2	13.8	11.5

出所:「資源エネルギー統計年報」天然ガス鉱業会、経済産業省

オイルサンド

期待の石油代替資源はどこにあるのか?

★★★カナダに眠る「黒い金」とは?★★★

原油の枯渇が心配されるなか、代替エネルギーのひとつとしてオイルサンドが注目を集めている。オイルサンドとは文字どおり油のついた砂岩のこと。砂岩ではなく、頁岩《けつがん》(シェール)に油がついている場合は「オイルシェール」と呼ぶ。

原油に比べて生産コストが高いため、これまでは採算が合わず現実的な資源ではなかった。しかし、原油価格の上昇にともない、石油代替資源の有力候補として期待されるようになったのである。

オイルサンドはカナダ、アメリカ、ベネズエラ、マダガスカルなどに分布しており、オイルシェールはアメリカ西部、ブラジル、ロシア、オーストラリアなどに豊富に埋蔵されている。

そのなかで、とくに注目されているのがカナダである。2002年にオイルサンドが石油の可採埋蔵量に含まれるようになってから、カナダの石油確認埋蔵量は格段に増え、世界2位となった。具体的には、サウジアラビアが2640億バレルで、カナダは1790億バレルである。2001年までのカナダの順位が21位だったことを考えると、オイルサンドの存在は非常に大きいといえる。

現在、カナダのアルバータ州では〝ゴールドラッシュ〟が起きている。同州北部に位置するフォートマクマレー一帯には、オイルサンドを含んだ地層がどこまでも広がっており、その恩恵にあずかろうとする労働者が国内外から殺到しているのだ。1990年代後半からの10年間で人口が倍増したという報告もある。オイルサンドはまさに「黒い金」といえるだろう。

この状況を石油メジャーが見過ごすはずはない。オイルサンドの採掘はカナダの大手2社を中心に行なわれてきたが、最近はロイヤル・ダッチ・シェルやBPなどの石油メジャーが進出の動きを見せており、日本企業も進出をはじめている。

カナダ生産者協会が2008年6月に発表した予測によると、現在日量130万バレルのオイルサンドの生産量は、2015年には277万バレル、2020年には354万バレルに増えるという。

このように、オイルサンドの生産がカナダに集中するのは、同国の政情が安定していることや、近くにアメリカという巨大市場があることが大きく影響している。

★★★オイルサンドの問題点★★★

しかし、オイルサンドはいくつかの問題点を抱えている。

まず生産コストの高さである。オイルサンドの約8割は地下100～200メートル程度のところに埋まっている。原油に比べると浅いところにあるのだが、オイルサンドは重質の油なので、汲み上げる際に高度な採掘技術が必要になる。その費用が原油以上に高くついてしまうのである。じつは、オイルサンドは20世紀中頃までヨーロッパを中心に利用されていた。しかし、価格の安い石油が登場したことにより、見向きもされなくなったという経緯がある。

環境への問題も指摘されている。オイルサンドは、生産段階で湯を使って砂と油に分離する。このとき、石油の2倍ともいわれるエネルギーを要し、多量の二酸化炭素を排出するのだ。

さらに、水の大量使用を問題視する声も少なくない。オイルサンドの採取に使われた水は油と混ざってしまうため、環境に対する悪影響が懸念されている。

これらの問題をどのようにクリアするかが、オイルサンドの普及に向けた当面の課題となるだろう。

燃料・鉱物資源

天然ガス

ガス戦争勃発か⁉
「ガス版ＯＰＥＣ」の問題点とは？

★★★天然ガスは次世代エネルギーの主役候補★★★

使いやすく、クリーンで安全。そんな夢のようなエネルギーが天然ガスである。メリットが多いことから次世代エネルギーの主役として期待されており、各国が競って開発を進めている。

そもそも天然ガスはメタンを主成分とし、地下から産出する。人類は古くからその存在を認知していたが、商業生産がはじまったのは19世紀以降のことだった。さらに広く一般に利用されるようになったのは１９５０年以降だから、天然ガスは比較的新しいエネルギーといえる。

では、天然ガスの資源としてのメリットとは何なのか。

第一の魅力は埋蔵量の豊富さにある。現時点で原油と同程度の埋蔵量が確認されており、世界が消費する60年分のエネルギー量が確保できるといわれている。今後、新たなガス田が発見されれば、埋蔵量が増える可能性もある。

また、二酸化炭素の排出量が石炭や石油と比べて少ないうえ、排ガスにばい煙《えん》やイオウ化合物などを含まない。天然ガスは環境にやさしいのだ。

しかも、エネルギー利用効率が非常に高い。天然ガスは数あるエネルギー資源のなかでもっとも高い燃焼温度を得られるので、ガスタービンで発電した後に排出されるガスを使うことにより、水蒸気発電を行なうことも可能になる。

メリットはまだある。天然ガスは水素を多く含んでいる。そのため、メタノールやアンモニア、アセチレン、肥料、合成繊維、合成樹脂など、水素を必要とする物質の原料に適している。まだ実用段階にはいたっていないものの、燃料電池への水素の供給源として、技術的にも経済的にも、もっとも見込みがありそうな燃料とされている。

このように天然ガスは将来有望なエネルギーであるが、懸念要素がないわけでもない。天然ガスを供給する場合、大規模なプロジェクトを運営し、30～40年といった長期間の取り引きになることが多い。したがって、数十年先の需要がはっきりと見込める地域でないと、供給が難しくなる傾向がある。

また、石油などほかのエネルギーとの価格競争に勝つためには、さらなるコスト削減が求められており、そのハードルをどうクリアするかが課題となっている。

天然ガスのおもな埋蔵国（2006年）

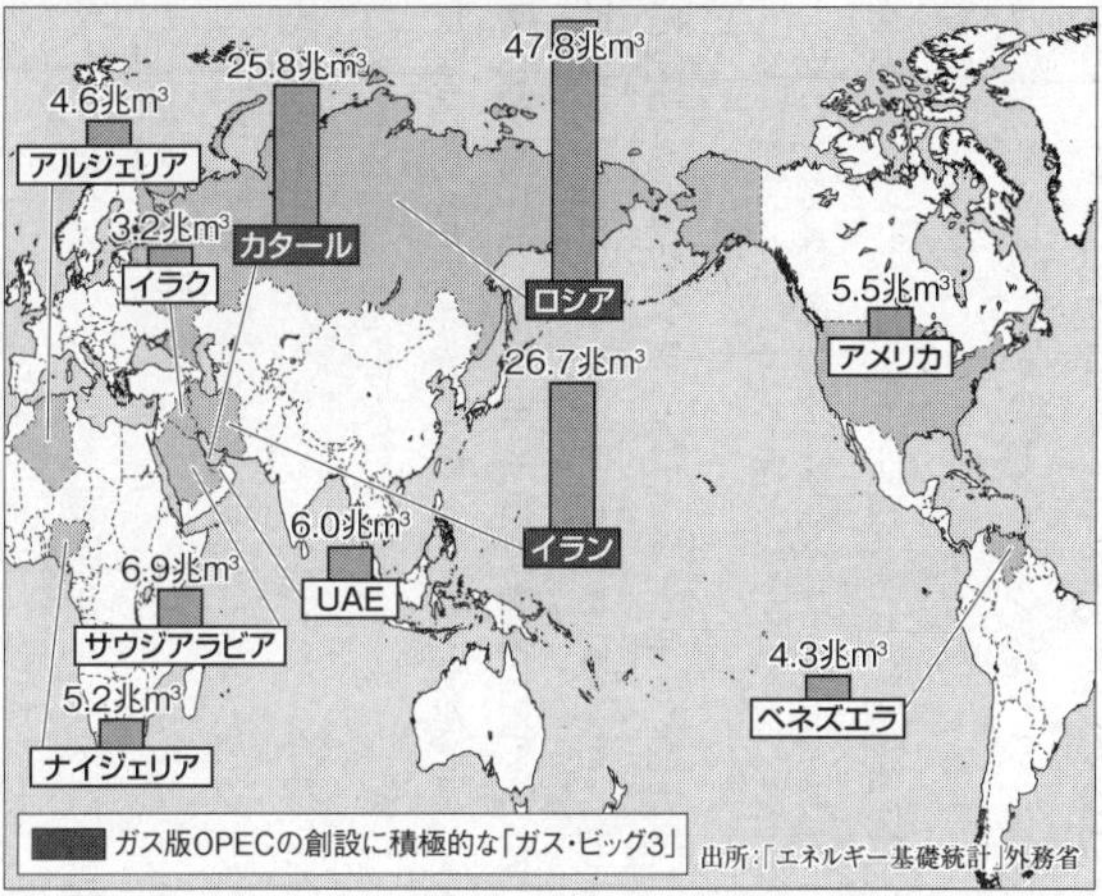
47.8兆m³
ロシア
25.8兆m³
カタール
26.7兆m³
イラン
4.6兆m³
アルジェリア
3.2兆m³
イラク
6.0兆m³
UAE
6.9兆m³
サウジアラビア
5.2兆m³
ナイジェリア
5.5兆m³
アメリカ
4.3兆m³
ベネズエラ
ガス版OPECの創設に積極的な「ガス・ビッグ3」
出所：「エネルギー基礎統計」外務省

なお、日本での国産ガス生産は微々たるもので、天然ガスも輸入に頼っているのが現状だ。日本では公害対策および脱石油対策として、1970年代から天然ガスをLNG（液化天然ガス）の形態で輸入するようになった。そのため、日本での天然ガスの使用は7割以上が発電用である。

★★★ガス版OPECが誕生か？★★★

天然ガス埋蔵量の世界1位はロシアで、2位にイラン、3位にカタールと続く。中東に偏在している原油と異なり、天然ガスは世界各地に広く埋蔵しているといわれるが、実際には3カ国だけで世界全体の約6割を占める。

そして最近は、この3カ国が「ガス版ＯＰＥＣ」の創設に向けた動きを見せており、国際的な注目を集めている。２００８年10月21日、ロシアの政府系天然ガス企業ガスプロムのミレル社長、イランのノザリ石油相、カタールのアティーヤ・エネルギー産業相がテヘランで会談し、今後も年に3～4回、定期的に会合を開いて協議することで合意したのだ。

反米色の強いイランのノザリ石油相によると、「3カ国はガス輸出国の組織設立に関心があり、今後もそれに携わっていく」という。イランは天然ガスという資源を武器に、世界のなかで地位を確立しようと考えているのだろう。世界1位の原油生産国であるロシアでは、プーチン前大統領が「ガス版ＯＰＥＣ」に強い関心を示した。

しかし、3位のカタールやアルジェリア、エジプト、ノルウェーなどは慎重な態度をとっており、「ガス版ＯＰＥＣ」創設に関しては、生産国のすべてが一枚岩というわけではない。

天然ガスの約3分の1をロシアやアルジェリアからの輸入に頼る西欧諸国やアメリカも、この動きに対して警戒を強めているという。

燃料・鉱物資源

メタンハイドレート

開発に成功すれば、日本は資源大国に!

★★★日本周辺で豊富に採れる「燃える氷」★★★

資源小国の日本にとって、将来、救世主となり得る燃料資源がある。「燃える氷」と呼ばれるメタンハイドレートだ。

メタンハイドレートとは、燃えやすいメタンを大量に含んだ水の化合物のこと。メタンは天然ガスの主成分で、燃やしても石油や石炭などのように汚染物質を排出せず、二酸化炭素の排出量も少ない。天然ガスの9割以上を輸入に頼っている日本にとっては、「夢のエネルギー」といえるだろう。

メタンハイドレートは低い温度と高い圧力がかかる場所に安定的に存在するため、陸上ならば永久凍土の下に、海中ならば水深500メートル以上の地層にある。日本周辺には、このメタンハイドレートが豊富に眠っている。経済産業省によると、東海地方沖から宮崎県沖地域に位置する南海トラフや千島海溝、奥尻海嶺などに埋蔵しており、その量は日本の天然ガス消費量100年分の7・35兆立方メートルにおよぶ。開発が進めば、日本は天然ガス資源量でサウジアラビアを上回る可能性もあるという。

★★★実用化される日は間近!?★★★

日本での本格利用が待ち望まれるメタンハイドレートだが、実用化するにはクリアしなければならない課題がいくつも存在する。そのなかで、もっとも難しい問題は、海底深くにあるメタンハイドレートをどうやって採掘するかということである。

原油や天然ガスのような流体の場合、埋蔵地層に穴を開ければ地下の圧力で自然に噴出してくる。しかし、メタンハイドレートはシャーベット状になっているため、熱を加えるなどの作業で分解し、汲み上げやすい状態にすることが先決になる。その採掘技術がまだ確立されていないのだ。たとえ採取方法が見つかったとしても、今度はコストの問題が立ちふさがる。

日本は2001年にメタンハイドレート資源開発研究コンソーシアムを立ち上げ、2018年の実用化を目標に採掘技術の開発を行なっている。2007年には陸地に眠るメタンハイドレートの採掘実験をカナダなどで実施し、ガス化してから

日本近海のメタンハイドレート分布

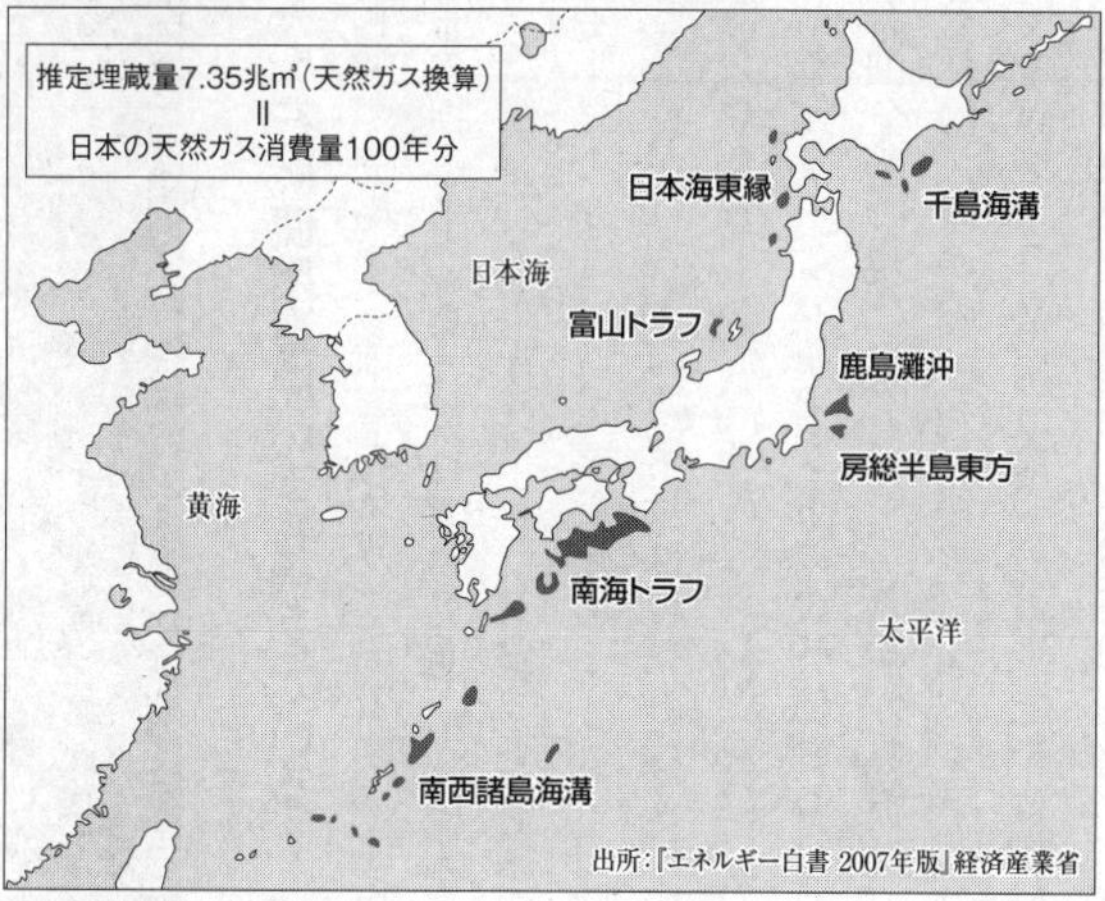
推定埋蔵量7.35兆m³(天然ガス換算)
॥
日本の天然ガス消費量100年分
日本海東縁
千島海溝
日本海
富山トラフ
鹿島灘沖
房総半島東方
黄海
南海トラフ
太平洋
南西諸島海溝
出所:『エネルギー白書 2007年版』経済産業省

地上へ汲み上げることに成功した。

さらに日本は、2008年11月にメタンハイドレート埋蔵地域の海底74万平方キロメートルを日本の大陸棚として国連に申請したほか、2009年からは日本近海の海底での試験を開始するという。

このように、メタンハイドレート実用化に向けての対策は着々と進行中である。

メタンには二酸化炭素の20倍の温室効果があると指摘されており、それについても考慮しなければならないが、利用の仕方によっては間違いなく貴重な燃料資源になるだろう。

燃料・鉱物資源

石炭

温暖化問題の逆風のなか、復権を果たせるのか？

★★★石炭使用量はいまも増えている！★★★

石油が登場する前、エネルギー資源の主役は石炭だった。石炭はイギリスの産業革命の担《にな》い手《て》になり、日本でも明治時代から戦後までエネルギー需要を支え続けた。だが、石油が普及すると主役の座を奪われてしまい、日本ではもはや〝過去のエネルギー〟といった感さえある。

ところが、石炭の使用量は現在も増えている。2005年の世界の石炭消費量は59億2000万トンで、そのうち褐炭《かったん》を除いた原料炭、一般炭および無煙炭の消費量は前年比7・1パーセント増の49億9000万トンにおよぶ。

石油全盛の現代において、石炭が見直されている理由は何なのだろうか。

それは、ほかのエネルギーに比べてメリットが多いからである。石炭は採掘が簡単で、精製する必要もない。最近までは価格も安かった。そのため、使い勝手のよいエネルギーと見なされ、再評価されることになったのである。

また、世界各地に広く分布していて、埋蔵量が160〜200年分あるとされていることも大きい。発熱量が石油や天然ガスより高いこともプラス材料だ。

これだけメリットのある石炭を使わない手はない。新興国の台頭で石炭需要が増えていることもあり、石炭を自給できる国は積極的に石炭利用を進めている。

だが、そんな石炭も地球温暖化という大きな課題を抱えている。石炭を燃やすと必ず二酸化炭素が発生するが、それが温暖化の元凶だといわれているのである。石炭火力発電所における二酸化炭素排出量は、石油火力発電所に比べて1・25倍も多いとされている。

かつて深刻だった大気汚染の問題は、排煙脱硝装置や排煙脱硫装置、電気集塵《しゅうじん》機などが開発されたことによりほぼ解消された。しかしながら二酸化炭素の問題は、最新技術をもってしても、いまだに解決できないのである。

★★★ 中国は世界屈指の石炭大国 ★★★

2005年における国別の石炭消費量を見てみると、世界1位が中国、2位がアメリカで、中国のシェアは36・9パーセント、アメリカは17・3パーセントとなっている。つまり、中国とアメリカだけで世界全体の半数以上を占めているのである。

世界最大の石炭消費国である中国では、エネルギー消費量の約7割を石炭に依存している。しかし、さきに紹介したような排煙装置などを設置して環境対策を行なっている工場はけっして多くない。

中国では発電燃料の中心も石炭であり、2006年末の石炭火力は前年比9000万キロワットも増量した。この増量を60万キロワットの火力発電所にたとえると、毎週3基ずつ増えた計算になるという。

中国による石炭の大量消費は大気汚染を引き起こし、日本に酸性雨を降らせたり、光化学スモッグを発生させたりして、大きな問題となっている。

一方、日本では、800以上の炭鉱から年間5500万トンの石炭を生産していた時期もあった。だが2009年現在、稼働している炭鉱は釧路など北海道の8カ所しか残っていない。国内炭は採掘コストが割高のため経済的負担が大きく、現在はほとんど使用されていないのである。

日本で使われているのは専《もっぱ》ら価格の安い海外炭だ。日本の石炭輸入量は年間1億8000万トンにおよび、世界でもっとも多い。輸入先はオーストラリアが6割を占め、インドネシア、中国がそれに続く。

近年、日本は石炭をさらに効率よく、しかも環境に配慮した形で利用可能にする

世界の主要国の石炭消費量の推移

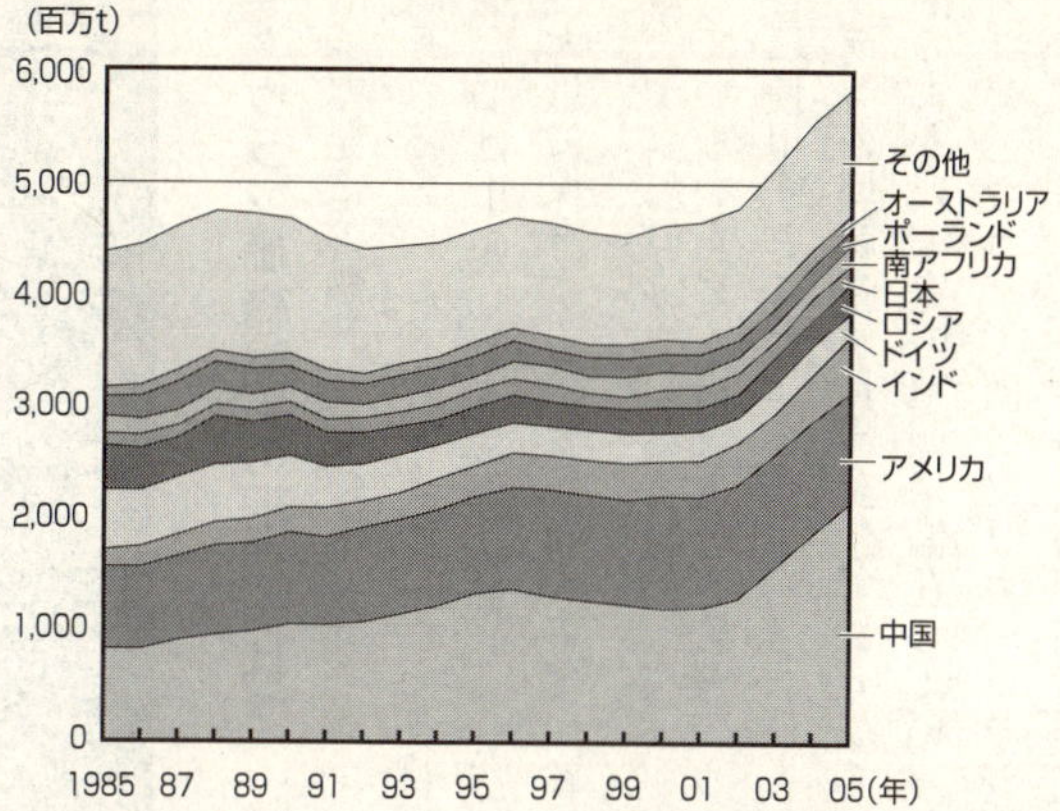

※2005年データは見込み値

出所:『エネルギー白書 2007年版』経済産業省

技術の開発に力を入れている。

たとえば、石炭からガソリンや軽油をつくる「石炭液化油」の実験を行なったり、発電効率をアップさせる石炭コジェネレーション(熱電併給)技術の利用拡大をはかったりしている。

石炭コジェネレーション技術とは、石炭を燃焼させてできたボイラー内の熱で蒸気タービンを回して発電し、同時にボイラーからの高温高圧の燃料ガスを利用してガスタービンを回して発電するという複合発電システム。この試みが成功すれば、今後さらに石炭の利用が伸びていく可能性もある。

燃料・鉱物資源

ウラン

原発ブームで脚光を浴び、価格が高騰

★★★ウラン価格急騰の理由とは?★★★

原子力発電の燃料として広く知られているウランには、少量で大きなエネルギーを得られるという利点がある。たとえば、100万キロワットの電力を石油から得る場合には150万トンを必要とするが、ウランから得る場合は21トンで事足りる。大量に保有する必要がないので、輸送費もかからない。

ただし、天然のウランには核分裂するウラン235が約0・7パーセントしか含まれていないため、濃縮という作業でウラン235の割合を高めてから発電用燃料などに使用することになる。

ウランの埋蔵量は世界全体で約470万トンもあり、当面は枯渇の心配がない。石油のように一定の地域に偏在しているということもなく、オーストラリア、カザフスタン、カナダ、南アフリカ、ブラジルなど世界各地に埋蔵している。

近年、そんなウランの価格が高騰傾向にある。2003年末には1ポンド(約4

50グラム)=10ドル程度で安定していたが、2007年6月には1ポンド=136ドルに上昇した。その後、価格の揺り戻しはあったものの、いまは1ポンド=70~80ドルが相場になってきている。

このウラン価格高騰の背景には、まず世界的な原子力発電ブームがある。多くの国で原子力発電所の新設・増設が行なわれており、原子力発電の燃料であるウランの需要が増えたのだ。

アジアにおける原子力発電所新設の割合はとくに大きく、中国は2020年までに現在の原子力発電設備容量の5~6倍の規模をもつ原子力発電所を建設する予定だという。脱原発を掲げていたヨーロッパでも、石油の代替エネルギー開発が思うように進んでいないことや、原子力発電は二酸化炭素の排出量が少ないことなどを理由に、方向転換する国が出てきた。

また、東西冷戦後、ロシアは核弾頭に積みこんでいた高濃縮ウランを発電用に再利用してきたが、同国は2014年以降、この核弾頭用ウランを外国へ輸出しないと表明した。そのため、相対的にウラン供給が少なくなるのではないかという懸念が世界中に生じ、値上がりにつながったという面もある。

そのほか、世界有数のウラン鉱山で事故が発生し、生産がストップしたことなども価格上昇の一因になったと見られている。

★★★カザフスタンでの激しい資源外交★★★

ＯＥＣＤ（経済協力開発機構）は、２０２５年の世界のウラン需要は低位推計で８万２０００トン、上位推計で10万トンになると推測している。２００５年の需要は６万６０００トンだから、20〜50パーセントも伸びることになるのだ。このように、今後もウラン需要は増加すると見られているため、世界各国によるウラン争奪戦は激しさを増してきている。

世界2位のウラン埋蔵量を誇るカザフスタンでは、ウランの安定確保を狙《ねら》う多くの先進国が共同開発に参入した。もっとも早くカザフスタンに接近したのは韓国で、２００4年にはノ・ムヒョン大統領（当時）が同国を訪れ、共同開発の議定書を取り交わした。韓国のほかにも、中国やロシアなどが共同開発を行なっている。日本は２００6年に小泉純一郎首相（当時）がカザフスタンを訪問し、本格的な交渉をはじめた。現在ではウエスト・ムインクドュックおよびハラサン鉱山１・２鉱区での共同開発に参加しており、最終的には年間６０００トンのウラン生産を見込んでいる。これにより、日本の原発依存度はますます高まるかもしれない。

ウランのおもな埋蔵国

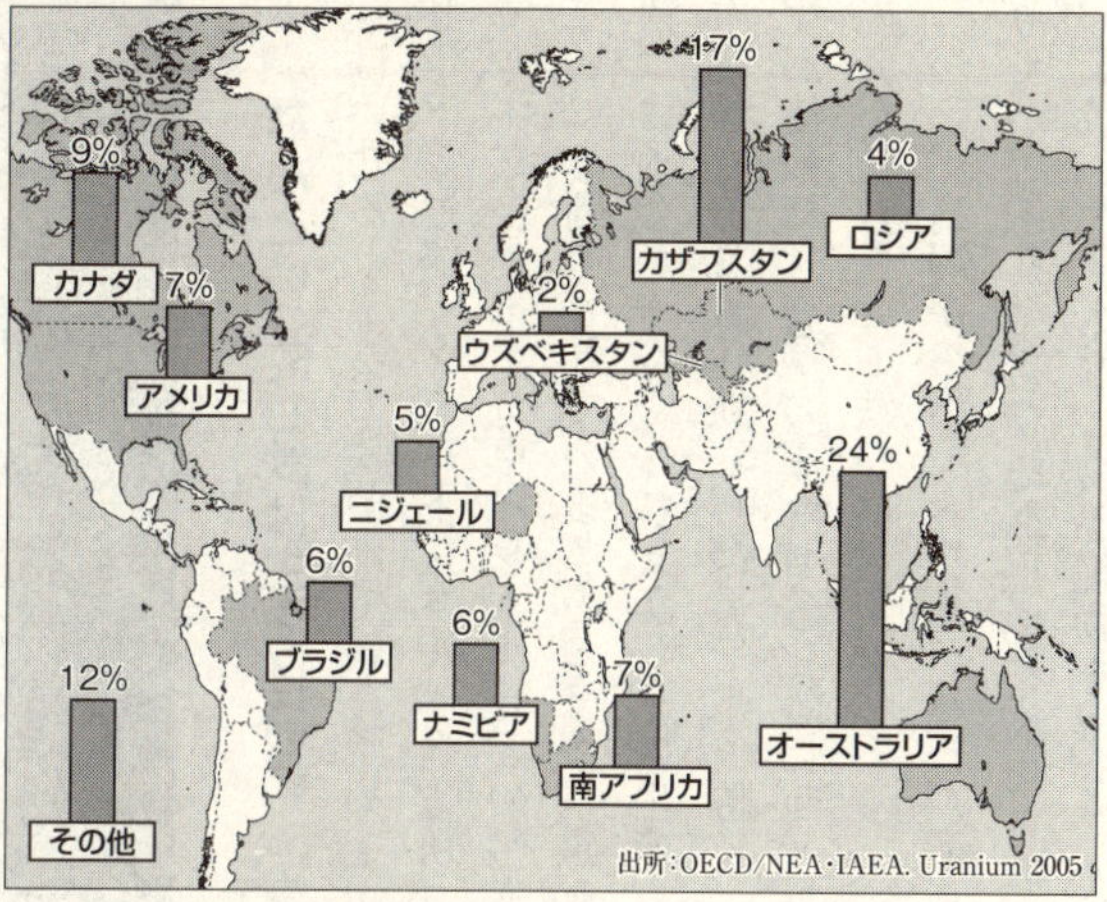
9%
カナダ
7%
アメリカ
12%
その他
6%
ブラジル
5%
ニジェール
6%
ナミビア
7%
南アフリカ
2%
ウズベキスタン
17%
カザフスタン
4%
ロシア
24%
オーストラリア

出所：OECD/NEA・IAEA. Uranium 2005

ウラン価格の推移

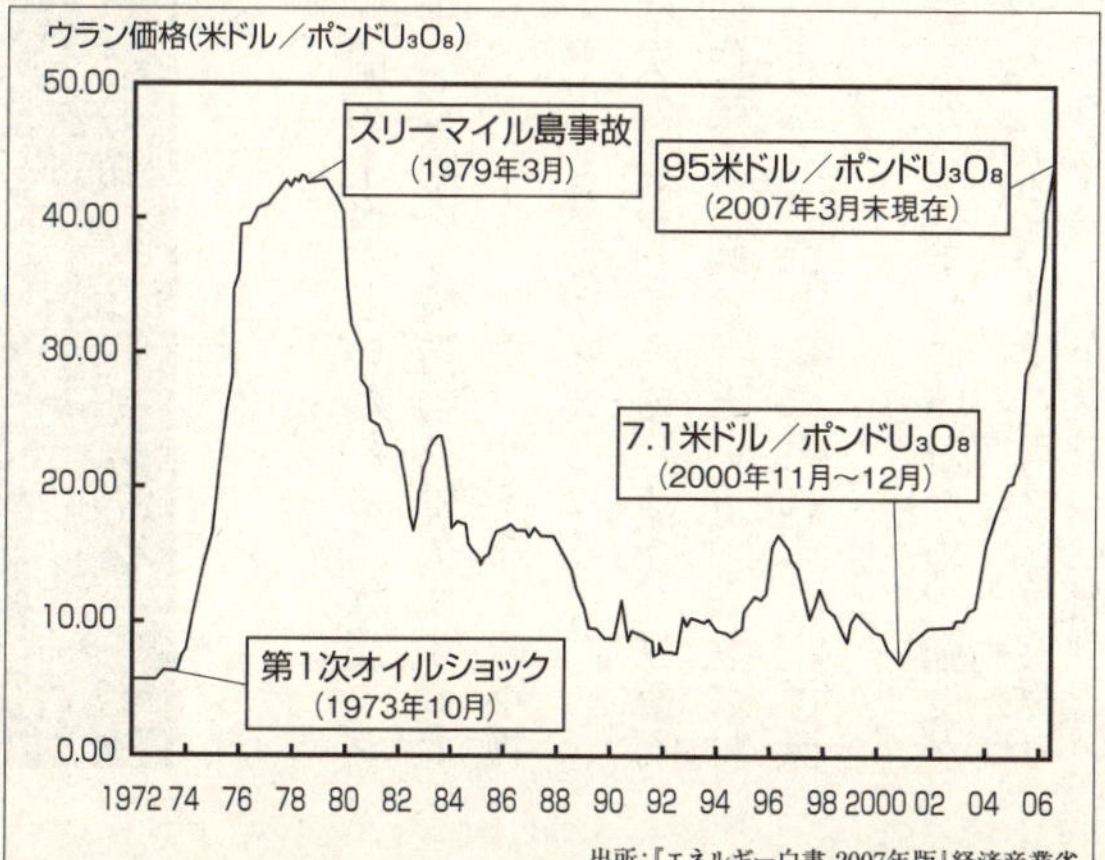
ウラン価格(米ドル／ポンドU₃O₈)
50.00
40.00
30.00
20.00
10.00
0.00
スリーマイル島事故
（1979年3月）
95米ドル／ポンドU₃O₈
（2007年3月末現在）
7.1米ドル／ポンドU₃O₈
（2000年11月～12月）
第1次オイルショック
（1973年10月）
1972 74 76 78 80 82 84 86 88 90 92 94 96 98 2000 02 04 06

出所：『エネルギー白書 2007年版』経済産業省

鉄

資源メジャーに寡占される
現代文明の土台

★★★なんといっても鉄は生活必需品★★★

鉄はいたるところで使われているため、「現代文明の土台」といわれる。鉄筋コンクリート、道路、ダム、トンネル、発電所、工場など強度な構造物には欠かすことができず、自動車、電車、レールなどの輸送機器、フライパンやハサミなどの小物類などにも利用されている。そのほか、磁気カードにも鉄粉が必要となる。

鉄は鉄鉱石からつくられるが、その生産方法は次のとおりである。まず、鉄鉱石の主成分である酸化鉄から酸素を取り除く。この作業を「製鉄」という。製鉄には高炉が使われ、高炉のなかで酸化鉄にコークス（炭素）を混ぜることにより、酸素と炭素を結合させて鉄だけにする。

しかし、高炉から出てきた鉄にはまだ微量の炭素分が含まれているため、強度が足りない。そこで炭素を徹底的に減らすと同時に、高炉で除去しきれなかったリン、硫黄、ケイ素などの不純物を取り除く必要がある。この作業を「精錬」という。精錬には転炉が使われる。転炉では鉄に高温の酸素を吹き付けて、鉄のなかの炭素と酸素を結合させる。こうして、純度の高い鉄ができ上がるのである。

鉄の原料である鉄鉱石の生産量は年間15億トン。おもな生産国は世界1位が中国で6億トン、2位がブラジルで3億6000万トン、3位がオーストラリアで3億2000万トン、4位がインドで1億6000万トン、5位がロシアで1億1000万トンとなっている。

しかしながら、品質のよい鉄鉱石となると、オーストラリア、ブラジル、南アフリカなど3カ国に限られてしまう。

★★★鉄鉱石には独特の価格決定プロセスがある★★★

鉄鉱石の生産は2003年から2006年にかけて、毎年1億トン以上の増加を見せた。BRICsをはじめとした新興国の急激な経済発展の影響によるものだ。これにともない貿易量も増加し、2006年にはオーストラリアとブラジルが約2億5000万トンを計上、世界最大の輸出国となった。

一方、最大の輸入国は中国で、約3億3000万トンに達している。以下、2位は日本、3位はドイツ、4位は韓国と続く。

鉄鉱石の価格は2004年に18パーセント上昇、2005年71・5パーセント上昇、2006年19パーセント上昇、2007年9・5パーセント上昇、2008年65パーセント上昇と、6年連続で値上がりしている。BRICsの台頭があったとはいえ、信じ難いほどの上げ幅といえよう。

この背景には、資源メジャーと呼ばれる大手の鉄鉱石生産会社3社が、シェアの7割を握っていることが大きく影響している。鉄鉱石の資源メジャーとはブラジルのヴァーレ、イギリス・オーストラリア系のリオ・ティント、BHPビリトンのこと。鉄鉱石は世界中で産出するが、高品質の鉄鉱石を輸入したいのであれば、この3社から買うしか手がない。そのため、輸入国との価格交渉ではメジャー3社が圧倒的優位に立つことになり、彼らの思うがままに、どんどん値上げされてしまったのである。

だが、2008年初夏から鉄鉱石は約30パーセント、鉄鋼製品は20~70パーセントも値下がりした。北京オリンピックが終わり、中国の鉄鋼需要が減退したのが一因とされている。実際、同年8月には中国国内の鉄鋼消費量が前年比でマイナスに転じている。

さらに世界的な金融危機の影響で各国が不況に陥り、自動車や家電などが売れな

鉄鉱石のおもな埋蔵国と生産国

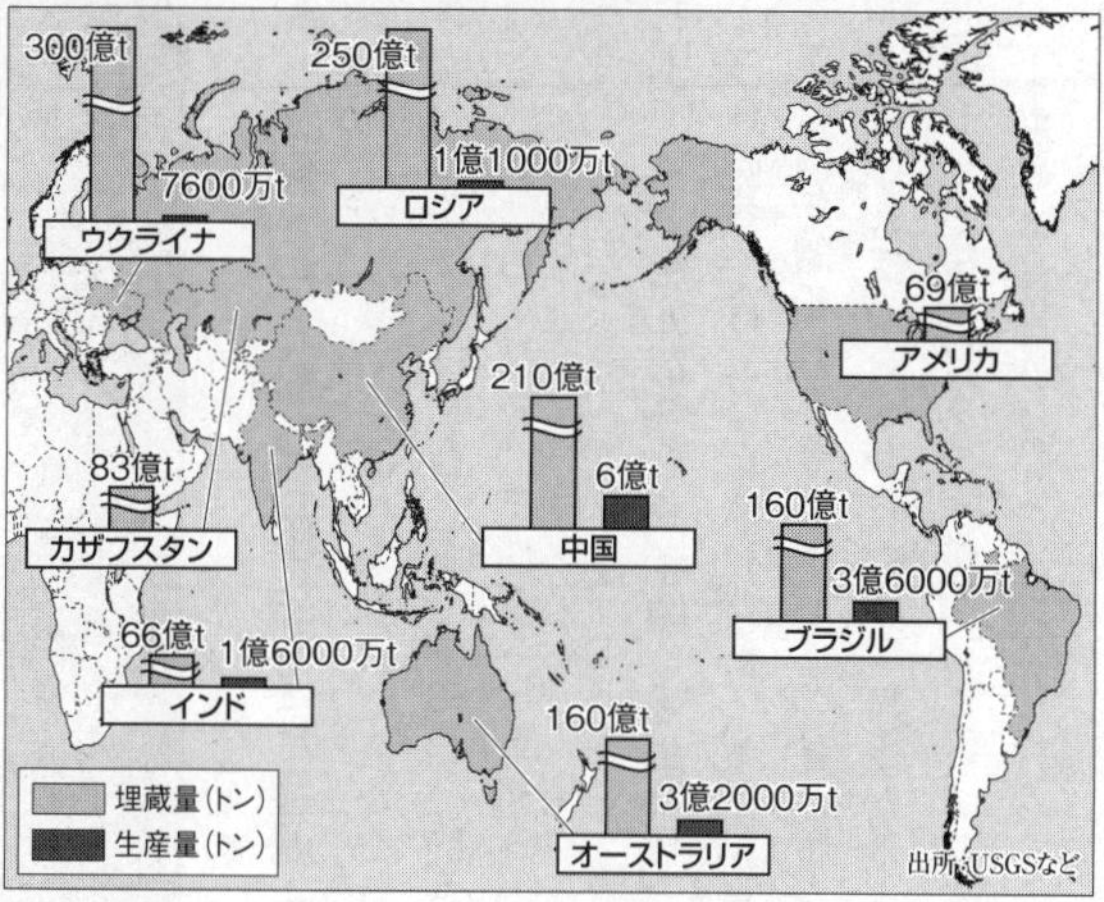
300億t
7600万t
ウクライナ
250億t
1億1000万t
ロシア
69億t
アメリカ
210億t
6億t
中国
83億t
カザフスタン
160億t
3億6000万t
ブラジル
66億t
1億6000万t
インド
160億t
3億2000万t
オーストラリア
埋蔵量(トン)
生産量(トン)
出所:USGSなど

くなったことも値下がりの原因と考えられる。鉄鋼メーカーは次々と減産を発表しているが、これは、今後の鉄鉱石需要に大きな影響をおよぼしそうだ。

鋼材需要の下落は日本にも大きな影響を与えた。日本は鉄スクラップの世界的な輸出国で、中国、韓国、台湾などのアジア諸国へ輸出している。しかし、2008年7月2日に7万1500円だった鉄スクラップの買い取り価格が、同年11月5日には1万1000円にまで暴落してしまった。世界的な景気の悪化は、確実に日本にも影響しているのだ。

燃料・鉱物資源

銅

銅ケーブルや電線の盗難が頻発した理由とは？

★★★人類が古くから利用してきた金属・銅★★★

銅は人類がはじめて使った金属だといわれ、その起源は7000～8000年前にさかのぼる。銅は鉱石として世界中に散らばっており、鉱石から銅を取り出す技術はさほど難しくない。それゆえ、人類は銅と長く歴史をともにすることができたのである。

日本では、紀元前300年頃（弥生時代）から銅が使われはじめたといわれている。江戸時代半ばには金銀に代わって銅が長崎貿易の主力となり、1697（元禄10）年には年間約6000トンもの生産量を誇った。当時はまだアメリカ大陸の銅山が開発されていなかったため、日本が世界一の銅生産国だったという。

しかしその後、日本の銅鉱山はすべて廃鉱となってしまい、現在は消費量の100パーセントを輸入に頼っている。

2007年現在、世界でもっとも多くの銅鉱石を生産している国はチリで、世界全体の36パーセントを占める。エスコンディダ銅山やチュキカマタ銅山など、世界最大級の銅山がこの国にあるのだ。2位のペルーとアメリカのシェアがどちらも8パーセントだから、チリの生産量がいかに突出しているかがわかるだろう。

一方、輸入に目を向けてみると、世界1位の銅鉱石の輸入国は日本で、141万トンにのぼる。おもな輸入先はチリ、インドネシア、ペルー、カナダ、オーストラリアなどとなっている。

★★★銅価格の高騰で、盗難事件が続発!★★★

導電性にすぐれている銅は電線やケーブル、家電製品に不可欠な資源である。そのため近年、ＢＲＩＣｓなどの新興国を中心に銅の需要が増しており、一時は価格の高騰を招いた。２００７年のデータを見てみると、世界の銅地金生産量が１８０８万トンだったのに対し、銅地金消費量は１８１２万トンにも達している。つまり、供給よりも需要のほうが上回っていたのである。

このとき、チリは銅の輸出によって多額の外貨収入を稼ぎ出した。結果、２００７年の実質経済成長率は前年比で5パーセントも上昇している。南米有数の経済成長を続けるチリの原動力は、まぎれもなく銅なのである。

銅の生産量と消費量（2007年）

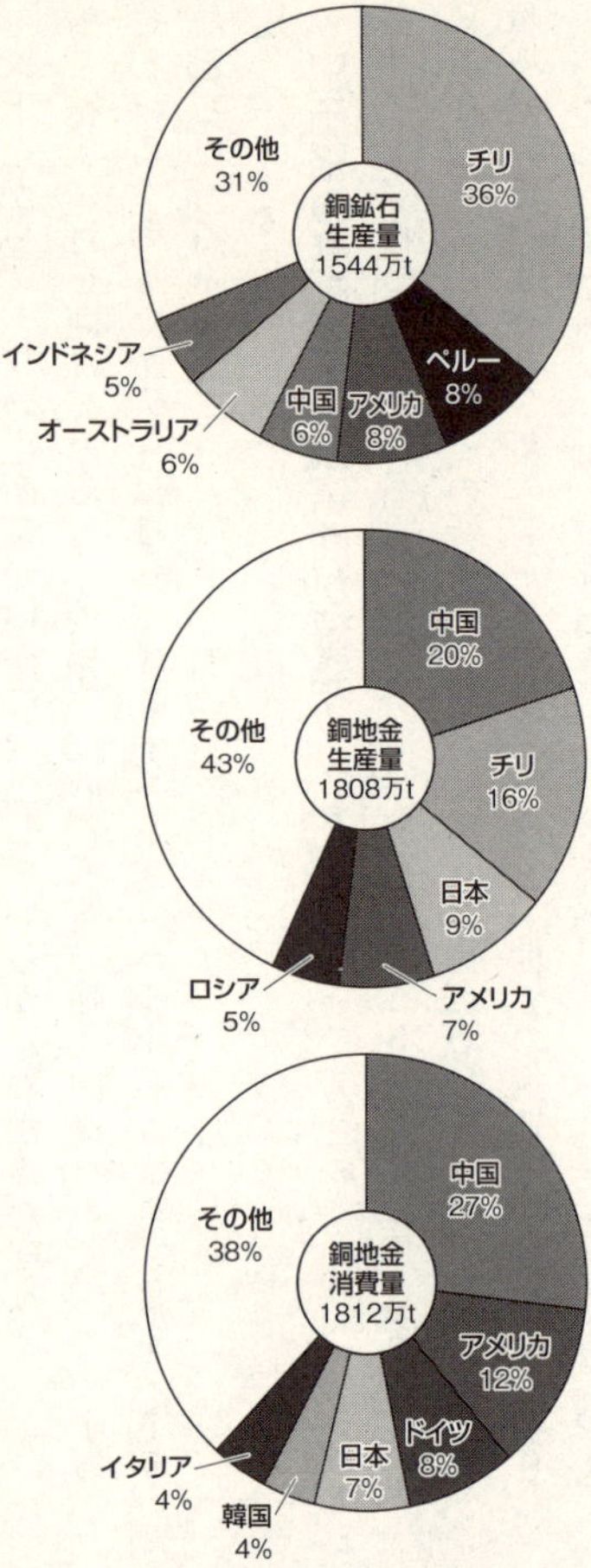
銅鉱石
生産量
1544万t
チリ
36%
ペルー
8%
アメリカ
8%
中国
6%
オーストラリア
6%
インドネシア
5%
その他
31%
銅地金
生産量
1808万t
中国
20%
チリ
16%
日本
9%
アメリカ
7%
ロシア
5%
その他
43%
銅地金
消費量
1812万t
中国
27%
アメリカ
12%
ドイツ
8%
日本
7%
韓国
4%
イタリア
4%
その他
38%

出所：外務省

また、銅価格の高騰は思わぬ事態を引き起こした。犯罪グループが銅需要の高まりに目をつけ、銅ケーブルなどを次々と盗んでいったのだ。

2008年、オーストラリアでは電話線や電線などの銅ケーブルの盗難が頻発し、電車が立ち往生してしまうという事件まで起こっている。被害額は推定数億円。盗まれた銅ケーブルは、北京オリンピックを控え建設ラッシュの渦中にあった中国へ横流しされたものと見られている。

もっとも、世界経済の減速を受け、現在の銅価格は以前より下落している。中国では北京オリンピック騒動が一段落したこともあり、多くの専門家は2009年の銅消費量は微増にとどまるのではないかと予測している。

ボーキサイト

アルミニウムの原料は、かつてレアメタルだった！

★★★アルミニウムは金属ではない!?★★★

アルミニウムは、アルミ缶やアルミ箔《はく》などをつくるのに欠かせない金属である。紀元前5000年頃には容器を固くする不思議な粘土として、紀元前2000年頃には皮革のなめし剤や目薬、止血剤の原料、植物染料の添加剤として使用されていたというが、工業化されてからはまだ100年ほどしか経っていない。軽いうえに強度があり、延性《えんせい》も高いアルミニウム。この非常に便利な金属は、じつは新しい金属なのだ。

アルミニウムは地層に含まれる元素のなかでは酸素、ケイ素の次に多く、約8パーセントの割合を占めている。ところが、ほかの元素とすぐに結合し、さまざまな化合物に変化する性質をもっているため、金属としては自然界に存在しない。つまり、精製技術が確立する前は、粉末として鉱石のなかに少しだけ存在するレアメタル（希少金属）だったことになる。

現在、アルミニウムの主原料として使われているのは、ボーキサイトという鉱物である。ボーキサイトのほかにも陶土を含む土壌や頁岩、炭化廃棄物などが原料になり得るが、ボーキサイトがもっとも豊富で安価なため、長く主原料にされている。まずボーキサイトからアルミニウムをつくるには、ホール・エルー法を用いる。ボーキサイトから水分を取り除き、アルミナを生産する。その後、アルミナを溶かした氷晶石（またはフッ化アルミニウム鉱物）のなかで電気分解させ、アルミニウムにするのである。

ホール・エルー法以外にも新たなアルミニウム精錬法が試みられてはいるが、経済的問題をクリアできたものはひとつもなく、この方法がもっとも一般的になっている。

★★★この100年で需要が激増したのはなぜ？★★★

世界最大のボーキサイト産出国はオーストラリアで、そのシェアは世界全体の40パーセントを超える。ブラジルやギニア、ジャマイカなどにも豊富に埋蔵されている。100年前にはアメリカが世界有数の産出国だったが、現在ではほとんど産出されていない。

また、ボーキサイトからアルミニウムへの精錬工程でできるアルミナについては、オーストラリア、アメリカ、中国などが主要な生産国として挙げられる。

２００７年のアルミニウム生産量は世界全体で３８００万トンに達する。国別に見ると、世界1位は中国の１２６０万トン。2位はロシアの４００万トン、3位はカナダの３１０万トン、4位はアメリカの２６０万トン、5位はオーストラリアの１９０万トンと続く。中国を筆頭にロシア、インド、ブラジルのＢＲＩＣｓ諸国が軒並み増量しているのが特徴的だ。

アルミニウム精錬には巨大な水力発電を有した国が適している。そのため、多くの山や川があり、水力発電がさかんなノルウェー、アイスランド、タジキスタン、ニュージーランドなどでも、規模は小さいながらアルミニウムの生産が行なわれている。

アルミニウムの生産は20世紀以降飛躍的に伸びており、今後も輸送、建築、包装などの分野における需要の拡大が見込まれている。

一方、消費量がもっとも多いのも中国で、年間１２３０万トンを消費している。2位のアメリカが５６０万トンだから、中国の消費量がいかに多いかわかるだろう。日本での生産はほとんどないが、消費量に関しては3位にランクされている。

アルミニウムのおもな生産国(2007年)

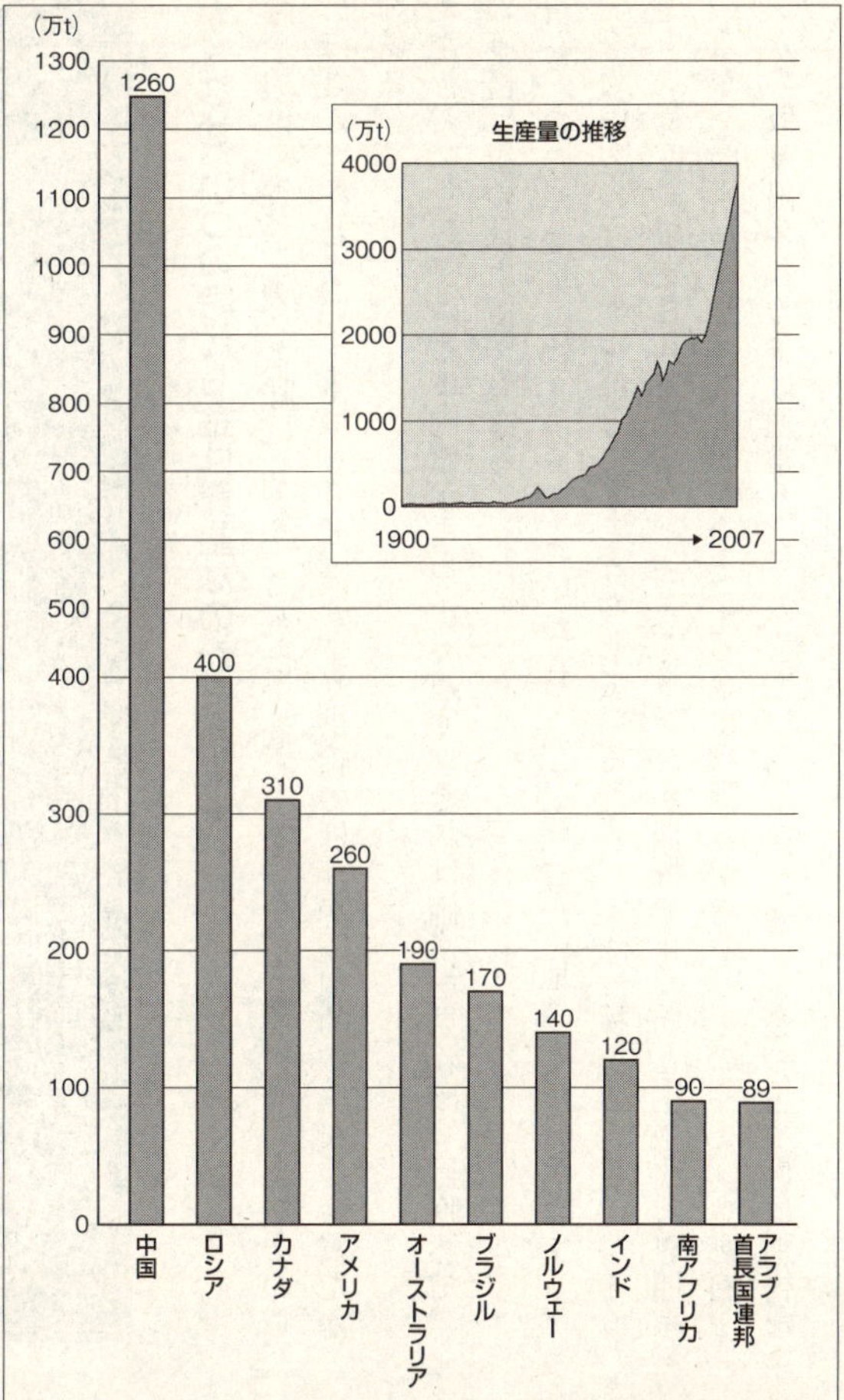

出所:日本アルミニウム協会

金

価格に世相があらわれる？世界共通の価値をもつ貴金属

★★★なぜ、いつの時代も金は貴重なのか？★★★

金や銀は「貴金属」と呼ばれる。これは、欲しがる人が大勢いるにもかかわらず、ほとんど採れない——つまり、需要より供給のほうが圧倒的に少ない金属だからである。

ただし、金と銀では希少価値がまったく違う。それは価格を見れば一目瞭然で、金の価格は銀の数十倍にもなる。

現在、金の埋蔵量は約4億トンといわれているが、金は地球の中心をなすコアや、その周辺のマントル部分に多く存在しているため、実際に採掘できるのは160万トン程度に限定されてしまう。約4万トンしか採掘できないと主張する専門家もいるが、いずれにしても人間が手にする金には限りがある。そのうえ、金鉱石1トンから取り出される金は通常5グラム程度にしかならない。金の希少性は別格なのだ。

しかし、金にはリサイクルできるという特徴もある。現在までに採掘された10万トンの金のうち、約8割以上がいまだに存在し続けており、日本はその1・6パーセントにあたる約1600トンを保有している。

では、それほど貴重な金はどこで採れるのか。

金の埋蔵量が多い国としてはオーストラリア、南アフリカ、中国、アメリカ、ペルーなどが挙げられる。だが、世界最大の金産出国は南アフリカである。南アフリカには、1886年に発見されたウィットウォータースランドの大金鉱脈がある。この金鉱脈からは通常よりも品質の高い金が採れ、現在までの産出量は4万トン以上にのぼる。

★★★金価格と世界経済は密接に関係している★★★

金は世界共通の価値をもち、その価格は時価で決定される。1グラム＝1000円程度と安いときもあれば、3000円を超えることもある。金の価格は世界経済の動向によって大きく左右され、「世界情勢や世界経済が悪くなると、金の価格も上がる」といわれている。

その理由は、たとえ政情や経済が悪化し、自国の貨幣価値が暴落したとしても、

金のおもな産出国(2007)

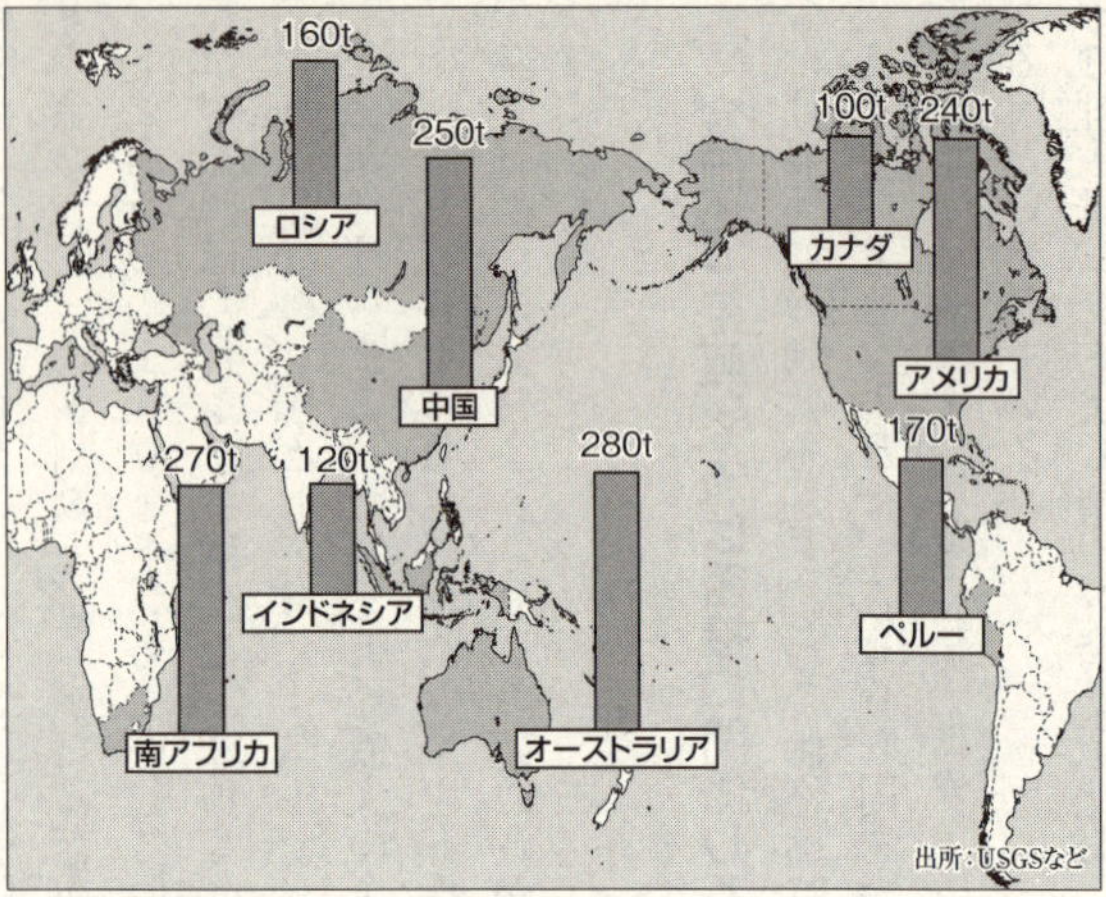
160t
ロシア
250t
中国
100t
カナダ
240t
アメリカ
170t
ペルー
270t
南アフリカ
120t
インドネシア
280t
オーストラリア
出所:USGSなど

金価格の推移(平均小売価格)

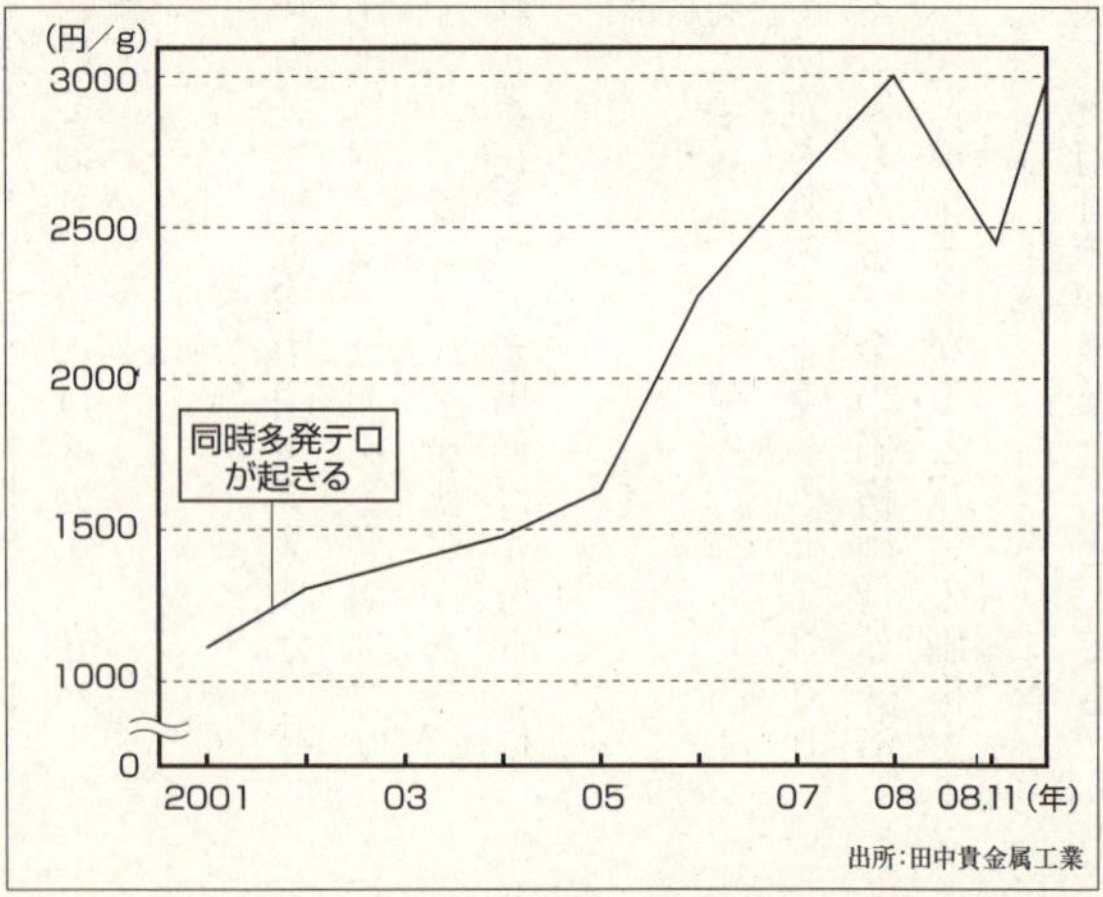
(円/g)
3000
2500
2000
1500
1000
0
同時多発テロ
が起きる
2001
03
05
07
08
08.11
(年)
出所:田中貴金属工業

金の価値がなくなることはないからだ。また、戦争などが勃発しても、金なら持ち運び可能なため、非常時の財産にできるという利点もある。

2001〜2004年にかけて金価格が高騰した背景には、アメリカでの同時多発テロ、アフガニスタン侵攻、イラク戦争などがあった。2008年の金融恐慌に端を発する世界的な景気低迷、金利引き下げなどはそれに拍車をかけ、価格はさらに急騰した。

金は約6割が宝飾品として、約1割が工業用品として使われているが、残りの約3割は投資用として利用されている。金本位制度が廃止された現在でも、各国の中央銀行は支払い準備金として金を保有しているのだ。

なお、金消費量の世界1位はインドである。2003年には、宝飾用の金のうち約19パーセントがインドで消費された。

これは、ヒンズー教独特の慣習と深い関わりがある。ヒンズー教では女性の財産相続が認められておらず、娘が結婚する際にはその代わりとして、高価な金や銀のアクセサリーをもたせる風習がある。また、ヒンズー教では宝石などの光り物は繁栄をもたらすと信じられており、ヒンズー教徒の多くは金の宝飾品を好んで身につけている。こうしたヒンズー教の慣習が、インドを世界一の金消費国にしたのである。

ダイヤモンド

デビアス社の独占システムが崩壊しはじめた！

★★★なぜ「宝石の王」はダイヤモンドなのか？★★★

ダイヤモンドは炭素でできていて、地下100キロメートルより深いマントル層の超高圧・高温下でのみ生成される。マントルでできたダイヤモンドのなかには、マグマの働きで地表近くに運ばれてくるものがあり、それがダイヤモンド鉱石として採掘されるのだ。

ダイヤモンド鉱石がよく採れるのはアフリカである。2003年のダイヤモンド鉱石の累積産出額はアフリカ全体で2000億ドルに達し、全世界の産出額の3分の2を占めた。なかでもボツワナでは約5300万カラットも採掘されており、世界一の産出量を誇る。それに次いで多いのはオーストラリアの3200万カラットで、以下にコンゴ民主共和国の2700万カラット、ロシアの2400万カラットと続く。

なお、ダイヤモンドは質の違いによって宝飾用と工業用とに分別されるが、宝飾用に限定してもボツワナが1位になる。

ダイヤモンドの品質は「カラット（carat：重量）」「カラー（color：色）」「クラリティー（clarity：透明度）」「カット（cut：研磨）」という4つの「C」であらわされる。1カラットは約0・2グラムに相当し、カラーはランクによって分けられる。無色透明の「Dカラー」がもっとも高いランク。黄みが濃くなるにつれてランクは下がっていき、「Zカラー」が最低だ。また、赤みを帯びたものや緑がかったものはほとんど産出されないため、希少価値がさらに高くなる。

そして1919年、研磨技術者のマルセル・トルコフスキーによってブリリアントカットが発明されてから、ダイヤモンドは「宝石の王」と呼ばれるようになった。透明で美しく、最高に硬い、究極の宝石が誕生したのである。

このように、ダイヤモンドは美しさ、希少性ともに群を抜いており、他の追随を許さない。だが、ダイヤモンドの価値をよりいっそう高めたのは、デビアス社が放った「ダイヤモンドは永遠の輝き」というキャッチコピーだ。このコピーが人々の購買意欲をかき立て、価格の高騰をもたらしたのである。

★★★業界を牛耳るデビアス社のシェアが落ち込んだ!!★★★

19世紀末、世界のダイヤモンド産出量の9割を独占したデビアス社は、価格操作を行ない、世界最大のダイヤモンド・カルテルを築き上げた。これにより、高値を維持できたわけだが、20世紀に入るとアンゴラやシエラレオネ、オーストラリア、ロシアなどでダイヤモンド鉱山が発見され、デビアス社の独占体制が少しずつ崩れてきた。

さらに、ダイヤモンドの不法売買が独占体制の崩壊に拍車をかけた。シエラレオネで内戦が勃発した際、反政府軍は鉱山を占領してダイヤモンド鉱石をひそかに売り、その代金で武器を買った。シエラレオネ政府もまた、傭兵《ようへい》への報酬としてダイヤモンドの採掘権を与えた。その結果、シエラレオネのダイヤモンドは不法に輸出されはじめ、デビアス社の流通システムに乗らなくなってしまったのだ。

このようなダイヤモンドの闇取引は、シエラレオネだけでなくアンゴラなどでも起こり、デビアス社の独占体制は根底から覆《くつがえ》されることになった。紛争が絡んだダイヤモンドは内戦を長引かせ、多数の死者を生むため、「血のダイヤモンド」と呼ばれる。

ダイヤモンドのおもな産出国(2003年)

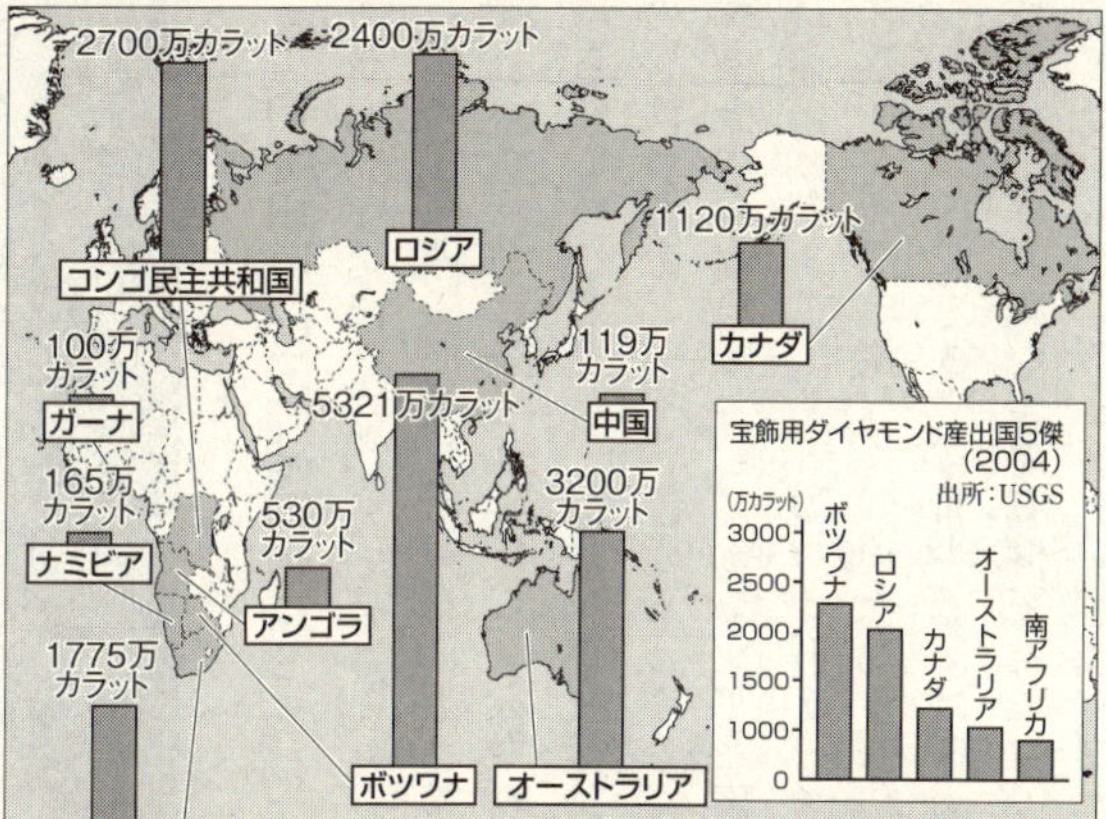
2700万カラット
2400万カラット
ロシア
コンゴ民主共和国
1120万カラット
カナダ
100万カラット
ガーナ
119万カラット
中国
5321万カラット
165万カラット
ナミビア
530万カラット
アンゴラ
3200万カラット
1775万カラット
ボツワナ
オーストラリア
南アフリカ
宝飾用ダイヤモンド産出国5傑(2004)
出所:USGS
(万カラット)
3000
2500
2000
1500
1000
0
ボツワナ
ロシア
カナダ
オーストラリア
南アフリカ
※カナダ・ナミビアは宝飾用のみ、オーストラリアは工業用のみ
出所:『世界の統計2008』総務省統計局

また、イスラエルの豪商レビ・レビエフがナミビアのダイヤモンド鉱山を買い取り、そこに直営研磨工場を設立したことも大きな痛手となった。デビアス社はダイヤモンド鉱石の供給会社であり、研磨技術をもたない。それゆえ、ダイヤモンド鉱山から産出された原石をその場で研磨できる企業の出現は、脅威以外の何物でもなかった。

こうした状況の変化により、デビアス社のシェアは5割程度にまで落ち込んだ。巻き返し策を講じているデビアス社ではあるが、時代の流れは、デビアス社の独占体制を許さないようである。

プラチナ

宝飾用になくてはならない
「近代の貴金属」

★★★19世紀以後に価値が認められた金属★★★

プラチナは、19世紀に入ってから本格的な研究がはじめられた新しい金属である。大昔、地球に飛来した隕石《いんせき》によってもたらされたとされるこの金属は、金鉱石に混じっていて金採掘の邪魔になるため、300年ほど前までは、まったく価値が認められていなかった。だが、現在では硬くて高温でも変化せず、酸やアルカリ性への耐性があるという特性から、さまざまな分野で活用されている。

プラチナの供給国としてはロシアと南アフリカが圧倒的に多く、この2カ国で世界全体の9割を占める。コロンビア、カナダ、ジンバブエ、アメリカなどでも産出されるが、両国に比べれば微々たるものだ。含有量を見ても原鉱石1トンから約3グラムしか採取できず、希少価値は極めて高い。

では、この貴重な金属資源であるプラチナは、具体的にどう使われているのか。「19歳でシルバーのリング、20歳でゴールドのリング、21歳でプラチナのリングをプレゼントされると、その女性は幸せになれる」といわれるように、プラチナ生産量の約4割は宝飾に使われている。結婚指輪の95パーセント、婚約指輪の99パーセントにプラチナが利用されているという調査結果もある。だが、宝飾用のプラチナの多くは合金だといわれる。

残りの約6割は工業用に用いられる。たとえば、自動車製造では排ガスを抑える浄化触媒として環境保全に役立っている。また、膀胱炎や前立腺ガン、胃ガン、肺ガンなどの抗ガン剤として効果を発揮するほか、歯科用材料、手術用具にも用いられ、医療における貢献度も大きい。プラチナは21世紀の産業に不可欠な「未来の資源」といえるだろう。

★★★投機の対象となったプラチナの高騰と暴落★★★

最近まで、プラチナ価格は未曾有《みぞう》の値上がりを見せていた。国際市場では、2002年1月から2007年9月までの5年半で約3倍に上昇。日本でも、2008年3月に32年ぶりの1グラム＝7589円を記録した。

これは、原油をはじめとする資源価格が高騰したことや、中国でプラチナの消費が増えたこと、自動車用燃料電池の需要が増えたこと、ハードディスクの磁気記録

プラチナ価格の推移(平均小売価格)

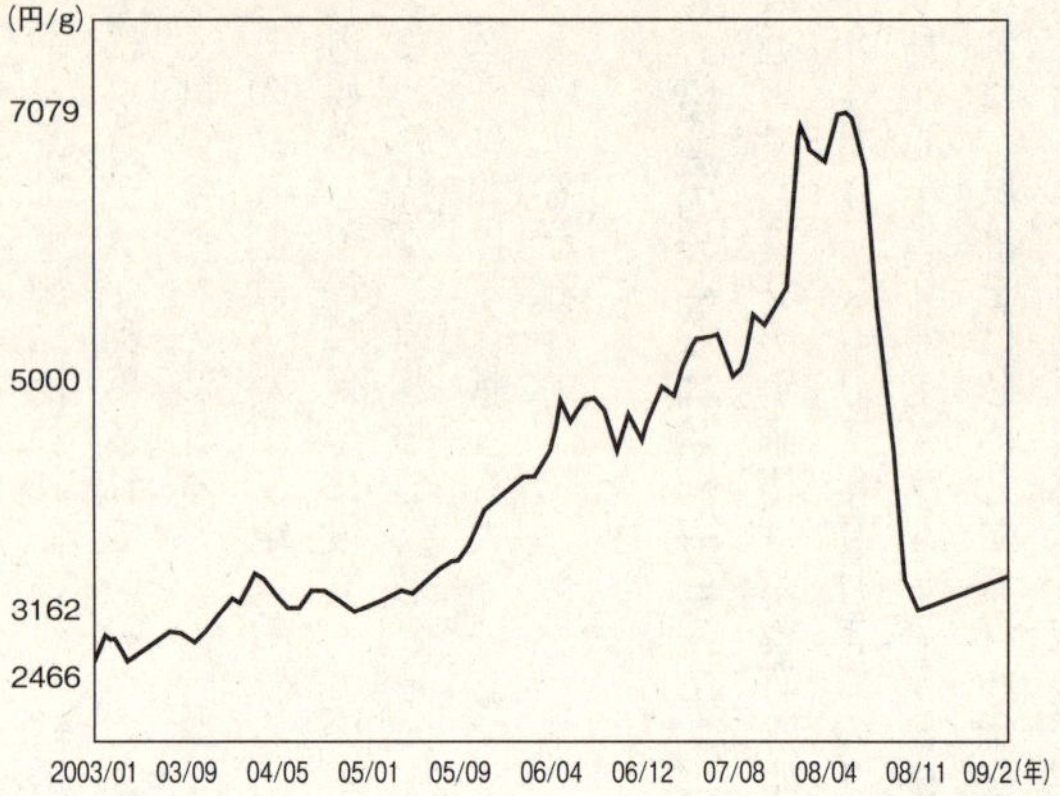
(円/g)
7079
5000
3162
2466
2003/01 03/09 04/05 05/01 05/09 06/04 06/12 07/08 08/04 08/11 09/2(年)

出所:田中貴金属工業

材料にプラチナが利用されるようになったことなどが原因として考えられている。

ところが、2008年9月に起こったリーマン・ショックにはじまる世界的な不況の波が、プラチナ価格にも影響を与えた。価格はあれよという間に大暴落し、同年11月には3月につけた7500円台から半値にまで値下がりしてしまったのである。

近年、プラチナは投資対象として大きな注目を集めていたため、この余波を受けた人は少なくない。今後の価格上昇を期待して投資する人も増えているようだが、相場の動きは不透明なままである。

第4章

生活に直結する食料・水資源

食料・水資源

小麦

価格急騰の裏に潜む
新興国での需要増と不作

★★★世界的に高騰した小麦価格の内幕とは？★★★

小麦は人類最初の栽培作物といわれ、紀元前1万2000年頃には栽培がはじまったと見られている。18世紀には世界中に広まり、いまではパンやパスタ、麵などの原料として欠かせない食料のひとつだ。

日本では、第二次世界大戦後の食糧難の時代に米不足を補う目的で普及が推進され、またたく間に消費が増えた。その後、高度成長にともない食生活が多様化するなかで、小麦は日本人の食生活に不可欠な穀物になっていったのである。

この小麦の国際相場が2007年6月から2008年夏にかけて、2倍以上の高騰を見せた。小麦だけでなく、小麦を原料とするパンやパスタなども軒並み値上がりし、庶民の家計を直撃した。

これは、製粉会社が小麦粉の価格を値上げしたからだが、そもそも日本の小麦価格はどのように決められているのだろうか。

日本国内で消費される小麦のうち、約9割にあたる500〜600トンは海外からの輸入に頼っている。商社を通して海外からもち込まれた小麦は、いったんすべて政府に買い取られ、その後、買い取り価格の1・5〜1・7倍の値段で製粉会社に売り渡す仕組みになっている。輸入された小麦をいったん政府が買い上げる理由は、国内の小麦農家への補助金をもとの価格に上乗せするからである。政府が保護しなければ国内の小麦農家は外国産小麦に太刀打《たちう》ちできず、すぐに淘汰《とうた》されてしまう。補助金は、それを防ぐための措置なのだ。

この政府売り渡し価格が、2008年4月から30パーセントも引き上げられた。価格改定期の値上げは2007年4月、10月に続いて3回連続で、1回目が1・3パーセント、2回目が10パーセントの上げ幅だったのに対し、3回目は30パーセントもの大幅アップとなった。これにより、1トンあたりの売り渡し価格が平均5万3270円から6万9120円へと上昇し、あらゆる小麦関連食品の値上がりにつながったのである。

こうした小麦の値上がり傾向は、日本だけにとどまらない。小麦の国際指標であるシカゴ商品取引所では、2008年3月の価格が2006年1月と比べて約3倍にも値上がりしている。2009年4月からは平均14・8パーセント値下がりしたものの、国民が受けたショックはただならぬものだった。

★★★世界各国で小麦の争奪戦がはじまっている★★★

では、なぜ小麦の価格はこれほどの値上がりを見せたのだろうか。

これにはいくつかの要因がある。第一に、世界の小麦需要の拡大に生産が追いつかないからだ。2007／2008年度の世界の小麦の生産量は約6億500万トン。これに対して消費量は約6億1960万トンと、約1400万トンもオーバーしている。この世界の需要拡大は、経済成長が著しい中国、インド、ブラジル、ロシアなどの新興国で消費が増加した影響が大きい。

第二に、石油の代替エネルギーとしてバイオエタノールが注目されるようになり、その主原料であるトウモロコシの価格が高騰した結果、小麦を捨ててトウモロコシへ転作する農家が増えたことも関係している。作付面積が減少すればそれだけ供給も減るわけだから、価格が上がるのも当然である。

第三に、気候の問題が考えられる。世界的な異常気象が小麦生産にダメージを与えたのだ。小麦の主要生産国は中国、インド、アメリカ、ロシア、フランス、オーストラリアなどだが、世界有数のシェアを誇るオーストラリアでは数年前から旱魃《かんばつ》

小麦のおもな生産国(2006年)

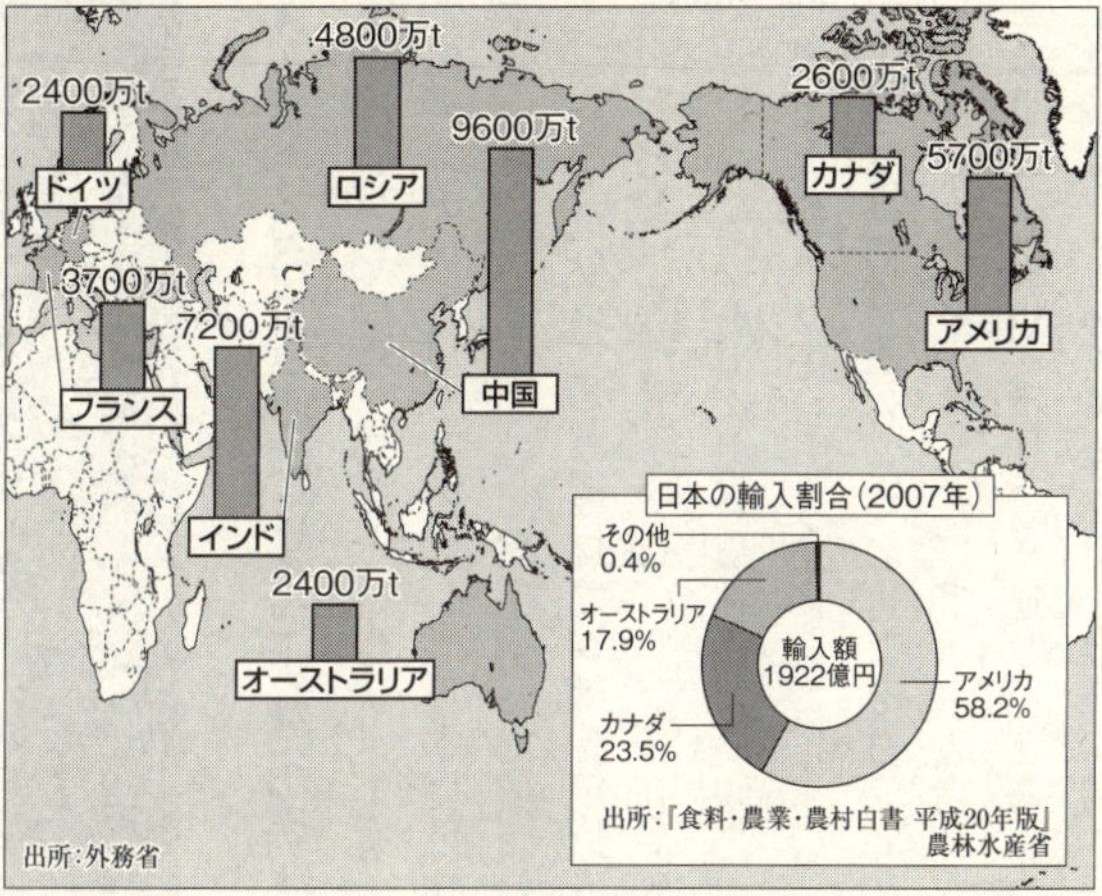
2400万t
ドイツ
4800万t
ロシア
9600万t
中国
2600万t
カナダ
5700万t
アメリカ
3700万t
フランス
7200万t
インド
2400万t
オーストラリア
日本の輸入割合(2007年)
その他
0.4%
オーストラリア
17.9%
輸入額
1922億円
アメリカ
58.2%
カナダ
23.5%

出所:『食料・農業・農村白書 平成20年版』農林水産省

出所:外務省

が続いており、供給の減少を招いた。

さらに、投機マネーの流入や、原油価格の高騰による輸送コストの値上がり、リン酸価格の上昇にともなう肥料の値上がりなども、小麦の高騰につながったといわれている。

小麦のおもな輸入国はエジプト、日本、ブラジル、インドネシア、韓国などで、日本は世界4位の輸入大国である。小麦のほとんどを海外からの輸入に頼っている日本は、価格高騰の影響をもろに受ける。それだけに、いかに安定確保するかが大きな課題となっているのである。

食料・水資源

トウモロコシ

バイオ燃料への転換が進み、食用が品薄に！

★★★トウモロコシにはさまざまな用途がある★★★

トウモロコシは米、小麦とともに世界3大穀物に数えられる食料である。南アメリカのアンデス山地を原産とし、日本には16世紀後半に渡来した。

米や小麦と異なるのは、食用として使われる割合が世界消費量のわずか4パーセントしかない点だ。トウモロコシは食用以外の用途が圧倒的に多く、世界消費量の64パーセントが飼料用に、32パーセントが製紙用のコーティング剤や段ボールの接着剤といった工業用に用いられる。

世界最大のトウモロコシ生産国はアメリカで、世界全体の40パーセントを占める。アメリカ農務省によると、2007年の世界のトウモロコシ生産量は前年に比べて約10パーセントも増え、アメリカ自体も約24パーセント増えている。

このように供給が増加の一途をたどる一方、需要も伸び続けており、結果として在庫は減少することになった。在庫の減少は、必然的に価格の高騰につながる。そのため、アメリカでは2008年3月に前年比2・3倍に値上がりしている。

★★★〝黄金のダイヤ〟と呼ばれるのはなぜ?★★★

では、トウモロコシの需要が拡大している原因は何なのか。それは、バイオエタノールの原料として、トウモロコシが大量に使われはじめたことである。

2007年、アメリカでは収穫の約3割がバイオエタノール生産に回された。理由は、トウモロコシが金になるからだ。トウモロコシ農家は収穫物のすべてを精製工場に出荷することにより、精製会社の株主になって高額の配当金を手にすることができる。かつては豊作貧乏に泣いたトウモロコシ農家だが、このシステムのおかげで、どんどん豊かになっているのである。

だが、今後もこの流れが加速するようだと、アメリカが生産するトウモロコシのほとんどはバイオエタノール用になり、飼料用や食用が不足してしまう。

飼料用・食用トウモロコシが減少したことによる影響は、すでに現実のものとなっている。2007年、メキシコではトウモロコシを原料とする主食のトルティーヤの値段が急騰。多くのメキシコ人が困窮し、デモまで発生したのだ。燃料にするか、食用にするか。そのバランスは非常に難しいのである。

アメリカにおけるトウモロコシ生産量と用途の推移

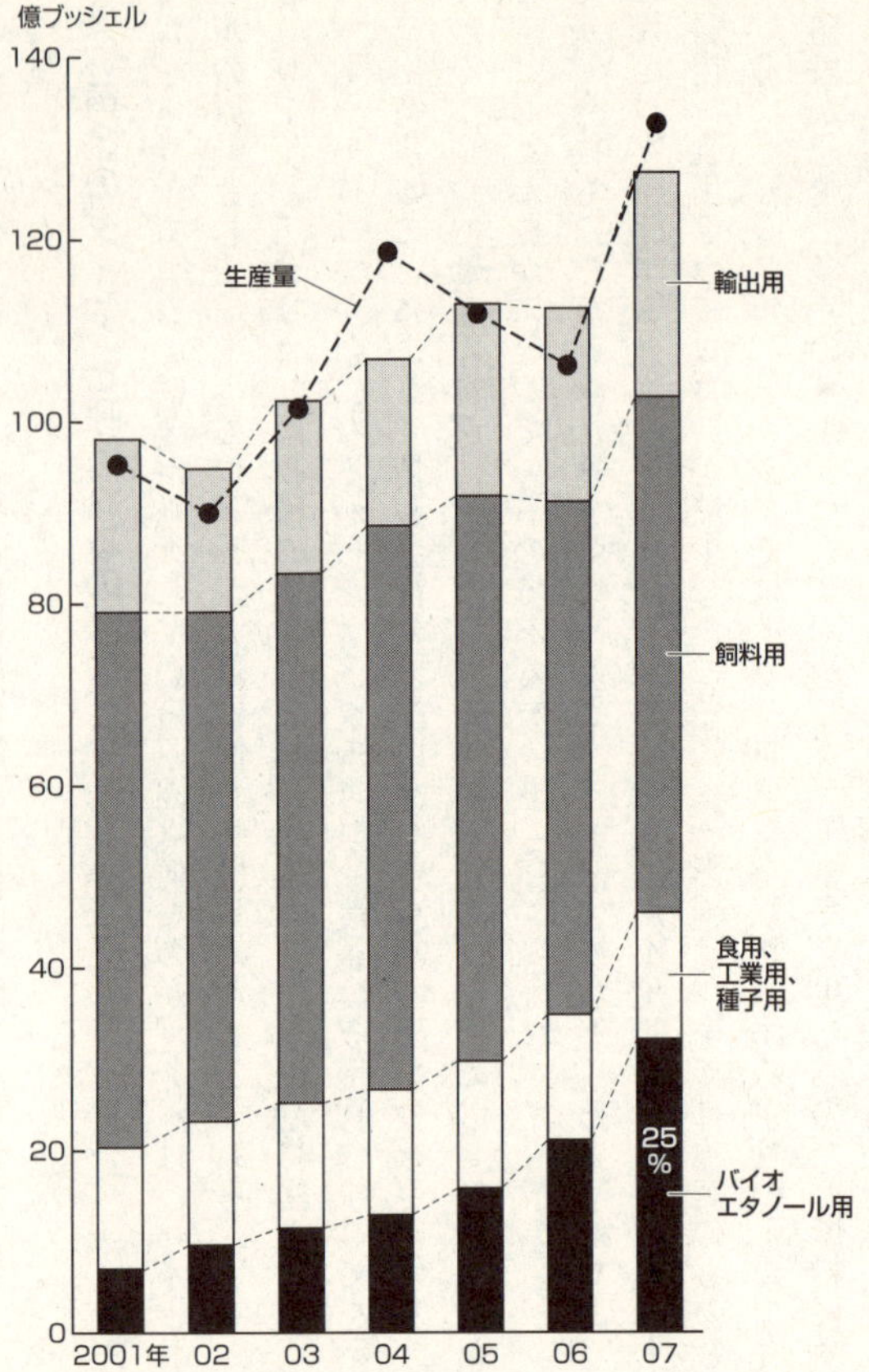
億ブッシェル
140
120
100
80
60
40
20
0
生産量
輸出用
飼料用
食用、
工業用、
種子用
25
%
バイオ
エタノール用
2001年
02
03
04
05
06
07

※生産量・用途ともにアメリカ1国のもの

出所:『食料・農業・農村白書 平成19年度版』農林水産省

食料・水資源

大豆

遺伝子組み換え大豆の増加で、懸念される安全面の問題

★★★ 味噌に醤油、豆腐……あまりに多い大豆食品 ★★★

大豆は日本の食生活に欠かせない食料だ。日本人は古くから大豆を重要な食料と見なし、味噌《みそ》や醤油《しょうゆ》、豆腐、納豆など、さまざまな大豆食品を生み出してきた。

大豆の優れた点は、良質の大豆たんぱく質を含み、コレステロールを下げる効果があることだろう。また、同じ面積の土地なら牛肉の8・8倍も多く収穫できるため、食料危機を救う作物としても注目されている。

世界最大の生産国は約8300万トンを生産するアメリカで、世界全体の半分近くを占める。ブラジルやアルゼンチン、中国も上位ではあるが、アメリカの足下にもおよばない。輸出国を見ても、やはりトップはアメリカだ。日本は輸入大豆の約75パーセントをアメリカに頼っており、依存度はどの国よりも大きい。

長年大豆に親しんできたにもかかわらず、日本の大豆の自給率はわずか5パーセントにすぎない。2005年の輸入量が418万トンなのに対し、国内生産量はた

った23万トンである。これだけ輸入大豆が多いとなると、消費者として心配になるのが安全面の問題だろう。豆腐や納豆などの大豆食品に遺伝子組み換え大豆が使われていないかと、気にする人は少なくない。

★★★深刻さを増す遺伝子組み換え作物の問題★★★

２００６年時点では、アメリカの大豆生産面積のうち約90パーセントが遺伝子組み換え大豆になっており、毎年着実に作付面積が拡大している。このまま拡大が続けば、アメリカの大豆はすべて遺伝子組み換え大豆になるといわれている。

遺伝子組み換え作物の安全性については、これまでも世界中で論議されてきた。たしかに遺伝子組み換え作物は病害虫を防ぎ、収穫を上げるが、生態系や人体などにおよぼす影響の不安が払拭《ふっしょく》されたわけではない。

大豆の７割強をアメリカからの輸入に頼っている日本にとって、この問題は他人《ひと》事《ごと》では済まされない。国内の自給率を引き上げ、食用大豆はあくまで非遺伝子組み換え大豆を用いるようにするのか、それとも遺伝子組み換え大豆の食品を受け入れ続けるのか。適切な判断が待たれている。

大豆のおもな生産国（2005年）

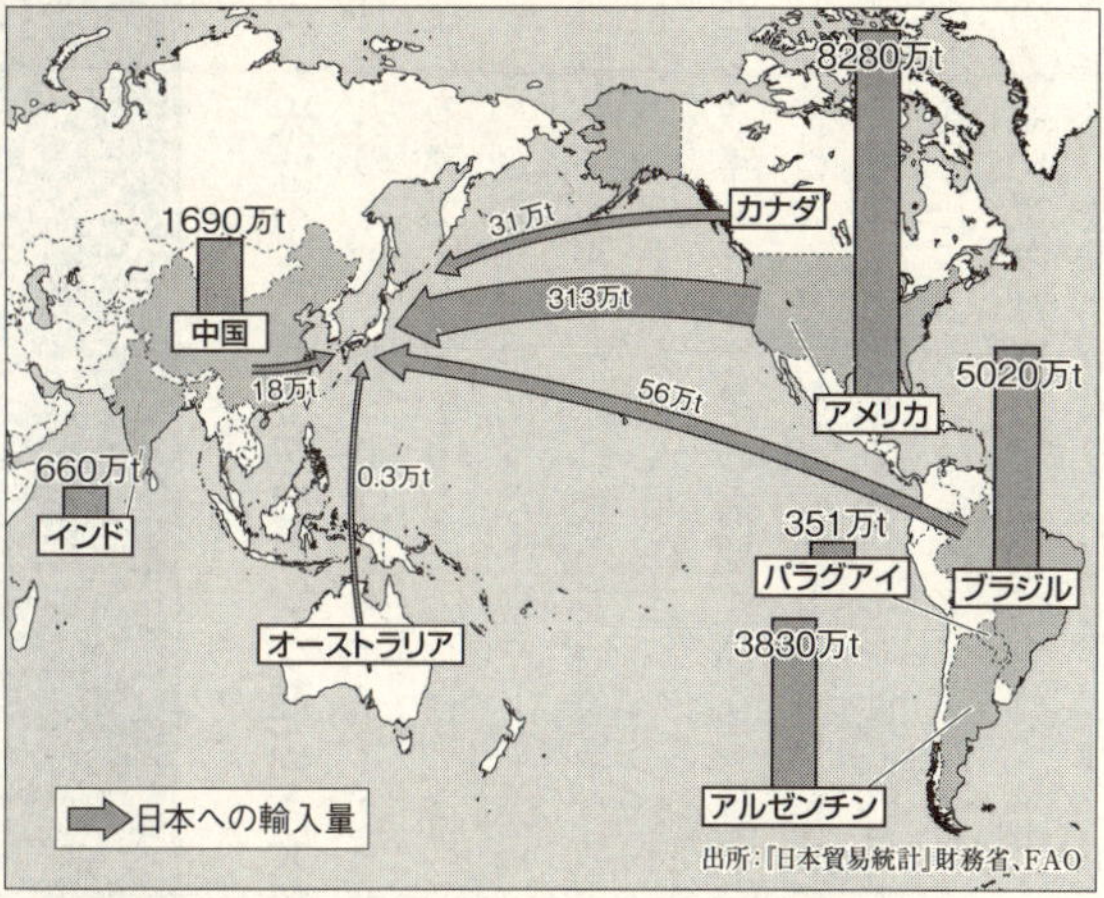
8280万t
カナダ
31万t
1690万t
中国
313万t
18万t
56万t
アメリカ
5020万t
660万t
インド
0.3万t
351万t
パラグアイ
ブラジル
3830万t
オーストラリア
アルゼンチン
日本への輸入量
出所：『日本貿易統計』財務省、FAO

アメリカ産遺伝子組み換え大豆の作付面積

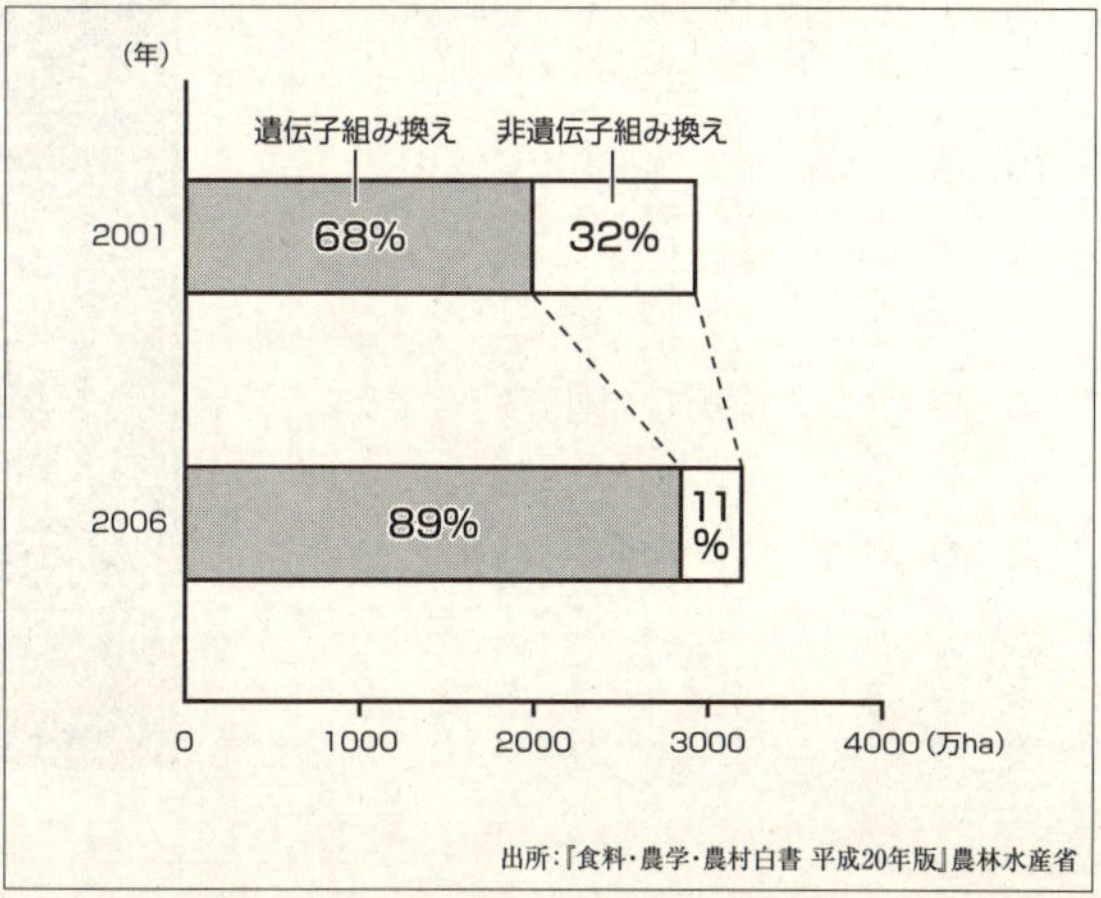
(年)
遺伝子組み換え
非遺伝子組み換え
2001
68%
32%
2006
89%
11%
0
1000
2000
3000
4000（万ha）
出所：『食料・農学・農村白書 平成20年版』農林水産省

米

主食の座を追われかけている"日本人の心"

★★★米は小麦、トウモロコシと並ぶ3大穀物★★★

日本人の主食である米は中国、インド、インドネシア、バングラデシュ、ベトナムなどのアジア諸国を中心に広く栽培されている。それほど多くの肥料を必要としないこともあり、生産量は小麦やトウモロコシと並んでもっとも多い。世界の人々が食物エネルギーを米に頼る割合は20パーセントにおよび、途上国にいたっては27パーセントに達する。人類にとって、米は極めて重要な農作物のひとつなのだ。

ここ数年、そんな米の需要が高まっており、価格も上昇傾向が続いている。２００８年には、タイで約40年ぶりに3倍にまで値上がりした。

価格上昇の原因としては、まず世界的に米食が拡大していることが挙げられる。米を主食としているのは東南アジア諸国だけだが、米は生産性が高いため、人口増加の著しいアフリカで積極的に食べようとする動きが出てきている。また、欧米では折からの健康ブームで、寿司などの日本食が定着しつつある。さらに、イラクでは経済復興にともない、国内産の伸びを上回る米需要が見込まれている。

気候変動の影響も原因のひとつだ。ベトナムは米を二期作で栽培しているが、2008年冬に冷害に見舞われ苗が枯れてしまい、ミャンマーでは5月に大型サイクロンが発生して耕地に大打撃を与えた。

中国やインドなどは、生産量は多いものの国内消費を優先しなければならず、不作に悩む国への輸出にまで回せない。そのため東南アジアは米不足に陥り、大幅な価格上昇につながった。バングラデシュやインドネシア、フィリピンなどでは米を求める人々が立ち上がり、抗議行動やデモを起こしている。

★★★ 日本ではもはや主食ではない⁉ ★★★

このように世界で米供給が逼迫《ひっぱく》しているのを尻目に、日本では米余りの状態が続いている。最近の日本では、米はもはや「主食」と呼べなくなりそうなのである。

日本人は、1960年には年間ひとりあたり114・9キログラムの米を食べていた。しかし、1962年の118・3キログラムをピークに消費量は減り続け、1990年代前半には60キログラム台にまで落ち込んでしまった。その最大の原因は食生活が多様化し、パンや麺類など米以外の穀類を食べる人が増えたからだといわれている。

米の需要低下は、ここ10〜20年ほど深刻な価格下落を招いている。そこで、政府は米の生産量を減らし、水田で米以外の作物をつくるという減反《げんたん》政策をとった。しかし、それでも需要の低下に追いつかず、2007年度は2006年度と比べて10パーセント以上も米の生産者価格が下落している。

政府は2007年10月に米緊急対策を発動し、国内の米34万トンの買い占めを行なった。さらに海外市場に販路を求め、中国で日本産のブランド米の販売を開始した。中国で販売された新潟県産のコシヒカリと宮城県産のひとめぼれは、日本国内で販売される価格の2倍以上という高値にもかかわらず、富裕層を中心に人気を博しているという。

米をバイオエタノールの原料として使うという新事業も、次第に現実味を増している。バイオエタノールはブラジルではトウモロコシでつくられているが、米でつくることもできる。米の余剰分をバイオエタノール生産に回すことが可能になれば、価格の下落を心配する必要もないだろう。

米不足の海外と米余りの日本。海外と国内ではあまりに対照的な状況にある。今後、日本は世界的な視野で需給バランスを考えなければならない。

米のおもな生産国(2006年)

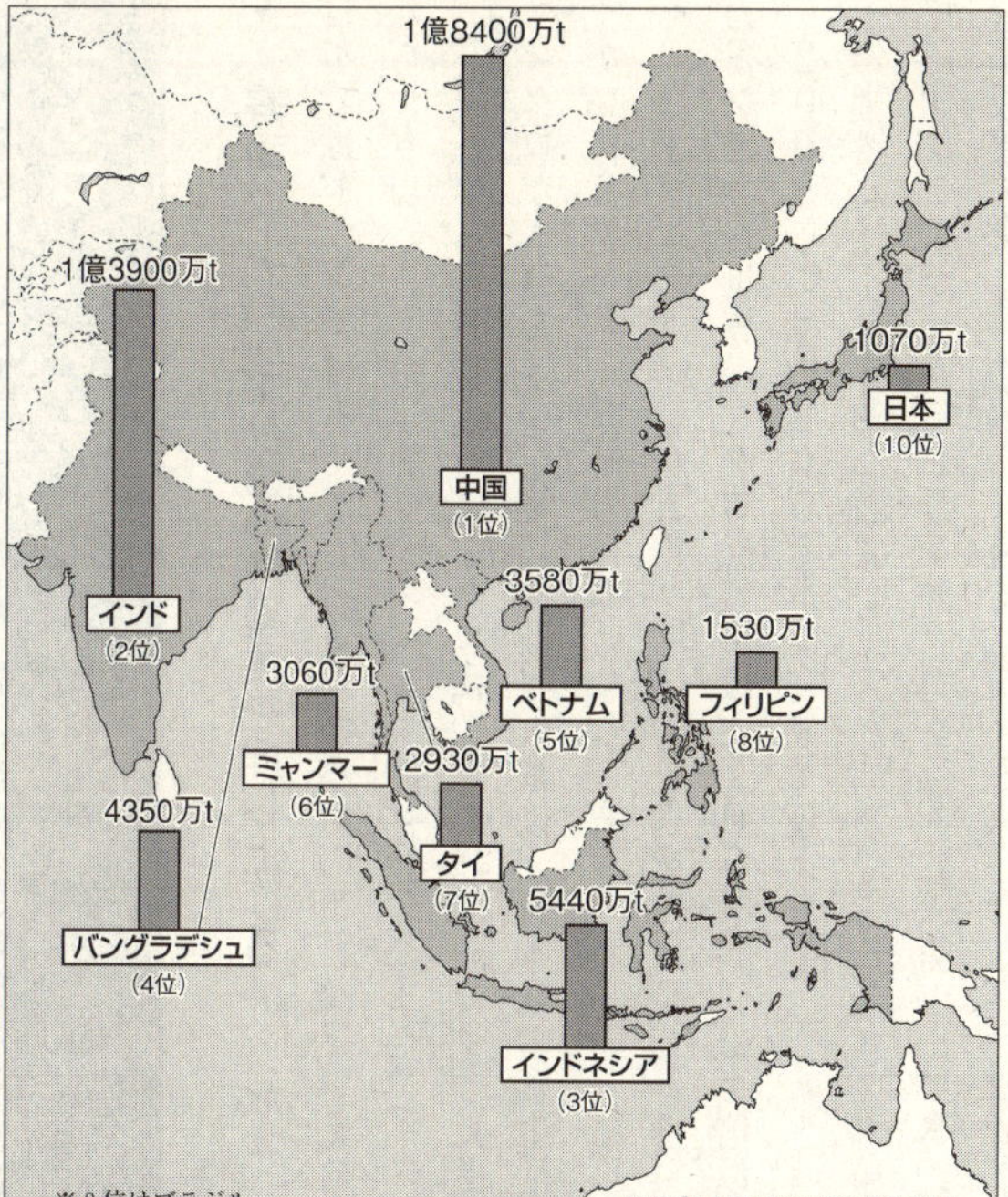
1億8400万t
中国
(1位)
1億3900万t
インド
(2位)
1070万t
日本
(10位)
3580万t
ベトナム
(5位)
1530万t
フィリピン
(8位)
3060万t
ミャンマー
(6位)
2930万t
タイ
(7位)
4350万t
バングラデシュ
(4位)
5440万t
インドネシア
(3位)

※9位はブラジル

出所:『世界の統計』総務省統計局

■日本のミニマム・アクセス米輸入量の推移

出所:農林水産省

年度(平成)	7	8	9	10	11	12	13	14	15	16	17	18
輸入量(単位:千t)	43	51	60	68	72	77	77	77	77	77	77	77

日本では米が余っているというのに、外国からの輸入を続けている。それは国際的な取り決めによって、輸入を義務づけられているからだ。自由貿易が主流の昨今、国産米を守るためには最低限の輸入は認めなければならず、「ミニマム・アクセス米」として毎年輸入している

マグロ

違法マグロが大量に日本市場に出回っているって本当？

★★★寿司ブームがマグロの漁獲量を押し上げる！★★★

日本では、マグロはもっとも人気のある魚のひとつといえるだろう。日本人は古くからマグロを食していたようで、縄文時代の貝塚からマグロの骨が見つかったり、『古事記』や『万葉集』にマグロについての記述があったりする。江戸時代にはヅケマグロが人気を呼び、第二次世界大戦後、日本人の食生活が洋風化すると「トロ」が高級食材として好まれるようになった。

そんなマグロの漁獲量が近年、増加の一途をたどっている。1975年に年間約90万トンだった世界のマグロ漁獲量は、2000年には2倍以上の約190万トンに、2005年には約200万トンにまで増えた。

その背景には、世界的な需要の拡大がある。ここ数年、健康志向の高まるアメリカで寿司ブームが起きており、マグロも徐々に人気が出てきた。

経済成長の著しい中国や香港でも寿司が大衆化し、マグロの握りを好む人は非常に多い。ちなみに、2008年の東京・築地市場の初競《せ》りの際、607万2000円という最高値で競り落としたのは香港の人だった。

刺身だけでなく、缶詰の消費も増加傾向にあり、ヨーロッパがとりわけ多くのツナ缶を消費している。

とはいえ、世界でもっとも多くマグロを消費しているのはやはり日本である。2005年における日本のマグロ消費量は世界全体の漁獲量の3分の1を占め、約67万トンにまで達した。とくに最高級のクロマグロ（本マグロ）やミナミマグロの大半は日本人が消費しているという。

マグロはアメリカやスペイン、オーストラリアといった漁業大国をはじめ、中南米諸国、アフリカ、南太平洋の島国など、世界のあらゆる漁場で漁獲されるが、その多くが世界一高値で取り引きされる日本の市場に送られてくる。世界の漁師たちにとって、マグロは海の「黒いダイヤモンド」なのである。

最近は漁業技術、冷凍技術、船舶関連技術などの進歩もあって、日本への輸出はますます活発化。1985年に日本にマグロを輸出している国は33カ国だったが、2002年には70カ国にまで増えた。そして、日本は消費の5割以上を輸入に頼っている状況にある。

★★★違法なマグロ・シンジケートの存在★★★

近年の日本への輸出の増加と世界的な需要の高まりによって、マグロをめぐる事情は一変した。乱獲によって資源の減少が懸念されているのだ。とくに心配されているのがクロマグロとミナミマグロで、ＦＡＯ（国連食糧農業機関）によると、西大西洋のクロマグロとミナミマグロはほぼ絶滅に近い状況に陥っているという。

現在、ＩＣＣＡＴ（大西洋まぐろ類保存国際委員会）やＣＣＳＢＴ（みなみまぐろ保存委員会）などの国際管理機関は、絶滅を防ぐためにルールを定めて漁獲規制を行なっている。日本もこれらの機関に加盟しているため、決められた漁獲枠を守らなければならない。

しかし『ＳＡＰＩＯ　２００８年６月25日号』（小学館）の記事よると、高値で取り引きされるクロマグロは漁獲枠の１・６倍も乱獲されているという。地中海周辺には乱獲したマグロを日本で売りさばく違法なマグロ・シンジケートが存在するらしい。

そのため、ＩＣＣＡＴは２００７年にクロマグロの最大の漁場である東大西洋・地中海での漁獲割当量をさらに削減するなど、管理体制を強化。今後も規制が強まれば、日本の食卓からマグロが消える可能性さえ考えられるのだ。

世界の主要国のマグロ漁獲量(2006年)

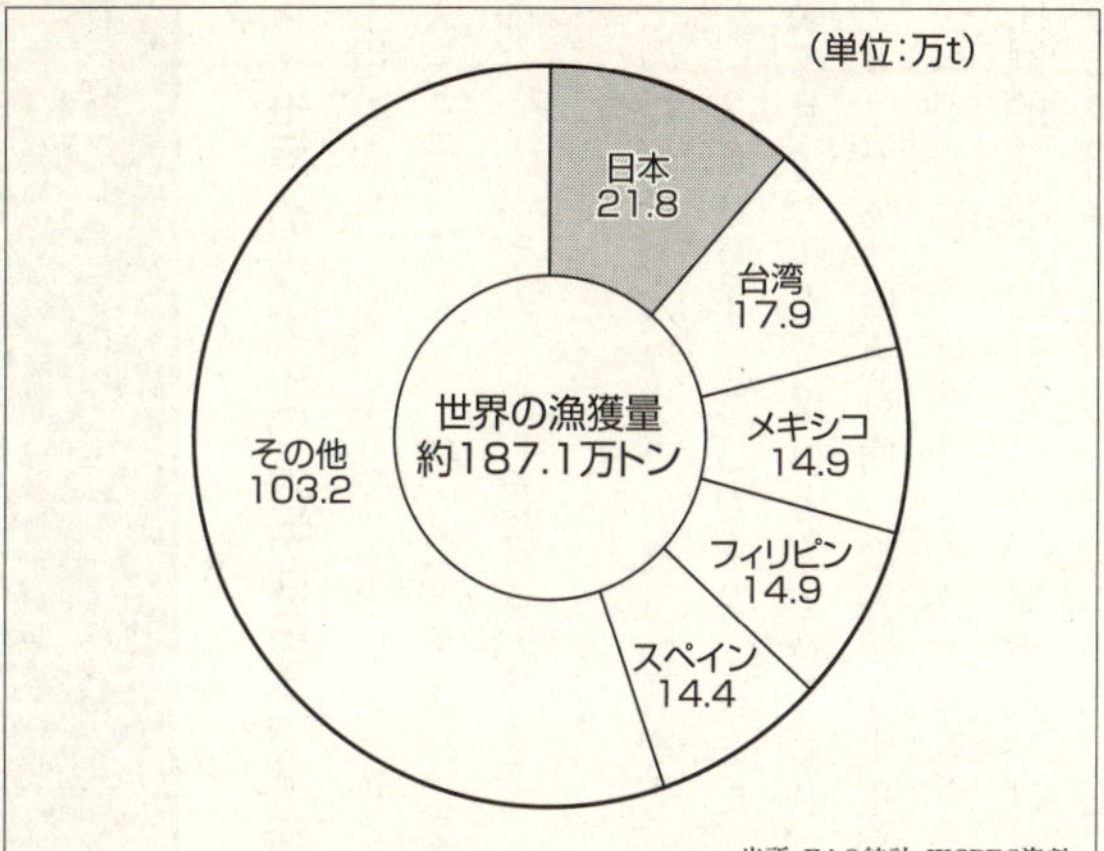
(単位:万t)
日本
21.8
台湾
17.9
メキシコ
14.9
フィリピン
14.9
スペイン
14.4
その他
103.2
世界の漁獲量
約187.1万トン

出所:FAO統計·WCPFC資料

マグロ価格の推移

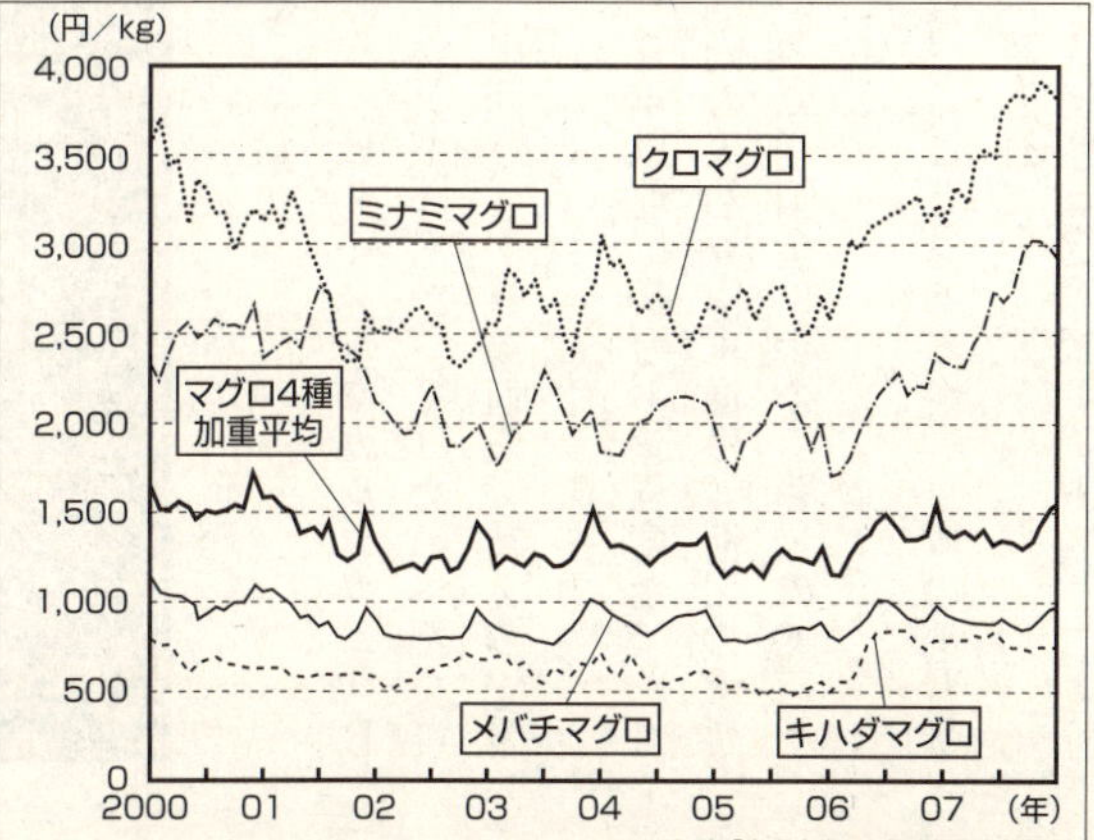
(円/kg)
4,000
3,500
3,000
2,500
2,000
1,500
1,000
500
0
クロマグロ
ミナミマグロ
マグロ4種
加重平均
メバチマグロ
キハダマグロ
2000
01
02
03
04
05
06
07
(年)

出所:『水産白書 平成20年版』水産庁

食料・水資源

ウナギ

稚魚の漁獲量規制によって、将来ウナ丼が食べられなくなる？

★★★世界のウナギの大半は日本で消費される★★★

「土用丑《うし》の日」「夏バテ防止」といえばウナギである。ビタミンAやカルシウム、DHA（ドコサヘキサエン酸）などを含み栄養満点のウナギは、かつてはたいへんな贅《ぜい》沢《たく》品だった。だが、最近はスーパーなどに大量に出回り、手軽な値段で買える定番食材になっている。

そのため日本のウナギ消費量は急増し、1990年以前は10万トン程度だったものが、2000年には17万トンに達した。日本国内の天然ウナギ漁は、河川の水質汚染のせいで現在ではほとんど行なわれていないので、国産ウナギ消費量の99パーセントは天然の稚魚を使った養殖ウナギが占めている。

スペインやドイツをはじめ欧米でもウナギを食べることはあるが、日本の消費量が圧倒的に多く、世界のウナギの大半は日本で消費されている。

さらに日本では、ここ十数年のあいだに輸入量が激増した。1990年代には国内消費量の約50パーセント程度だった輸入ウナギの比率が、2001年には約90パーセントにまで上昇。この増加の理由は、日本人のウナギ需要が増え、中国産ウナギの輸入品が急激に増えたからである。日本の輸入ウナギに占める中国産の割合は、1989年には15パーセントにすぎなかったが、2001年には76パーセントにまで跳ね上がっている。

★★★漁獲量規制と産地偽装表示でダブル・ショック★★★

ウナギは卵からの完全養殖が難しい数少ない魚のひとつだ。ウナギの養殖は、天然の稚魚であるシラスウナギを獲り、2~3年餌《えさ》を与えて育てるというもの。中国の養殖業者はヨーロッパからヨーロッパウナギの稚魚を輸入して、成魚に育ててから日本に輸出している。

ところが現在、日本でもヨーロッパでも、このシラスウナギの資源が減っており、世界的な問題になっている。日本のシラスウナギの漁獲量は、この35年間で5分の1に、成魚の生産量も3分の1に減ってしまった。一方、日本人が食べるウナギの主要な供給源であるヨーロッパウナギのシラスウナギも乱獲によって漁獲量の減少が続き、この50年間に100分の1近くまで減った。これは、中国でのウナギ

ウナギ漁獲量の推移

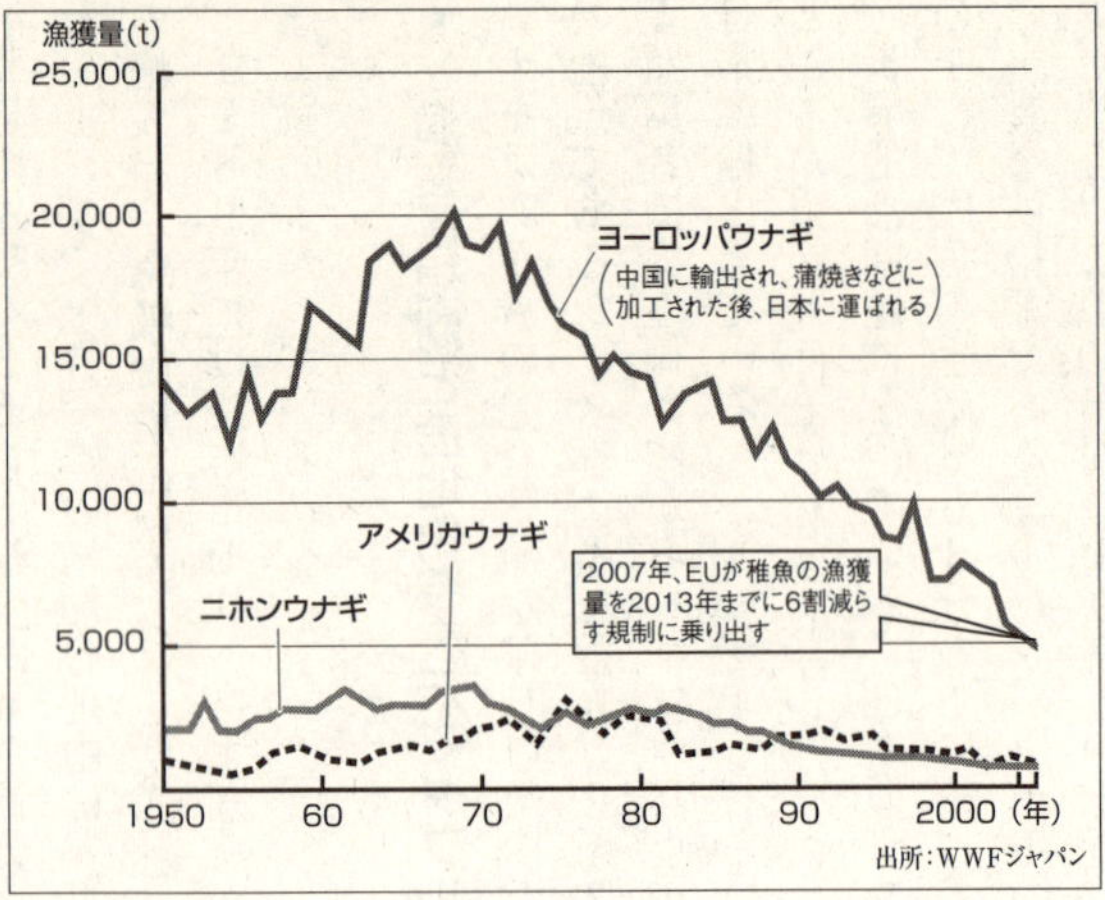
漁獲量(t)
25,000
20,000
15,000
10,000
5,000
1950
60
70
80
90
2000 (年)
ヨーロッパウナギ
(中国に輸出され、蒲焼きなどに加工された後、日本に運ばれる)
アメリカウナギ
ニホンウナギ
2007年、EUが稚魚の漁獲量を2013年までに6割減らす規制に乗り出す
出所：WWFジャパン

養殖拡大のために乱獲されたことが原因と考えられている。

ヨーロッパウナギの漁獲量は、もっとも多く獲れた1970年頃に比べて4分の1程度にまで激減。そのため、EU（欧州連合）は2007年にシラスウナギの漁獲量削減などを義務づけ、アメリカもアメリカウナギの資源管理に乗り出した。日本をはじめとする東アジア諸国は対策が後れているという。

日本も早急にウナギ資源の管理と取り引きの適正化に取り組まなければ、近い将来、食卓からウナ丼が消えてしまう。長くウナギを楽しむためにも、今後の対策は急務である。

食料·水資源

エビ

日本人の大好物が森林破壊を引き起こしている⁉

★★★日本はアメリカに次ぐエビの消費大国★★★

マグロやウナギと並んで、日本人の食生活に欠かせない水産物のひとつがエビである。フライ、天ぷら、寿司などのエビ料理はいつの時代も人気が高く、日本はアメリカに次ぐ世界2位のエビ消費国となっている。

だが、じつは日本人が食べているエビの約90パーセントは輸入ものだ。日本近海でも天然のクルマエビは獲れるが、1960年頃に3000トンあった漁獲量が現在では1000トン程度にまで減少してしまっている。国内の養殖エビを含めても年間26万トン近くに達する消費量を満たすことはできず、供給の大半を輸入エビに頼っているというのが現状である。

2006年、日本がエビを輸入した国は45カ国を数える。日本のおもな輸入国は1位がベトナムで約5万2000トン、2位がインドネシアで4万4000トン、3位がインドで2万9000トン、4位が中国で2万4000トン、5位がタイで

2万トンと続き、この上位5カ国で輸入総量の72・8パーセントを占める。つまり、日本人が日常食べているエビのほとんどはアジア産ということになる。

輸入エビのなかではブラックタイガーがもっとも多く、ほかにクマエビや甘エビも輸入量が多い。寿司ネタとして利用される甘エビは、正式名を「ホンホッコクアカエビ」といい、北ヨーロッパ産が主流だ。

★★★養殖エビに破壊されるマングローブ林★★★

外国産のエビも資源の減少が深刻で、1980年代からエビの養殖が急速に発展した。現在は世界のエビ生産量の4分の1を養殖エビが占め、日本にも大量の養殖エビが輸入されている。

ところが、この養殖エビの増加が環境破壊を引き起こしているとの指摘がある。ブラックタイガーなどは熱帯の海岸地帯のマングローブ林を伐採してつくった池で養殖されている。エビが病気にならないように、池には大量の抗生物質が投入される。海水と真水が混ざる河口にできたマングローブ林は、魚介類、植物、昆虫、鳥、爬虫類《はちゅうるい》などの宝庫である。この豊かな生態系が、エビの養殖が拡大することによってどんどん破壊されてしまうというのだ。

エビのおもな生産国(2004年)

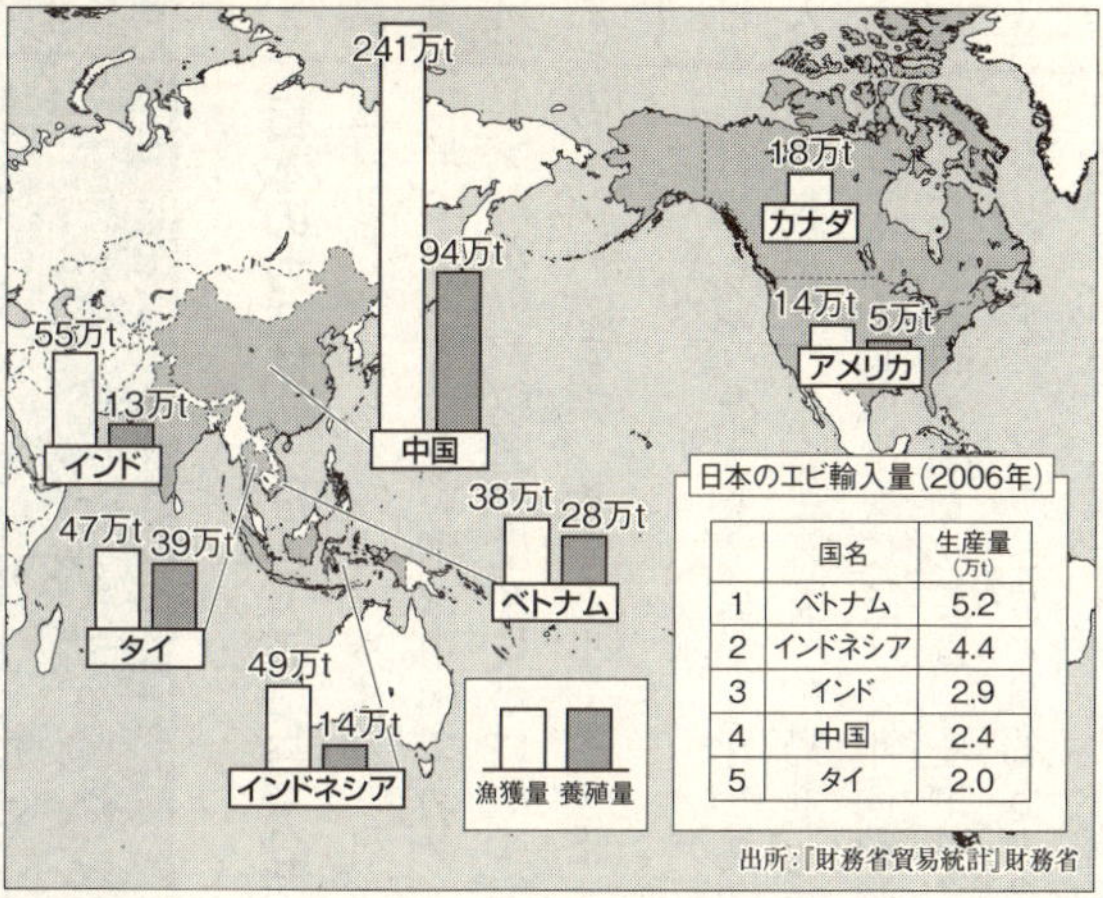
241万t
94万t
中国
18万t
カナダ
14万t
5万t
アメリカ
55万t
13万t
インド
47万t
39万t
タイ
38万t
28万t
ベトナム
49万t
14万t
インドネシア
漁獲量
養殖量
日本のエビ輸入量(2006年)

	国名	生産量(万t)
1	ベトナム	5.2
2	インドネシア	4.4
3	インド	2.9
4	中国	2.4
5	タイ	2.0

出所:『財務省貿易統計』財務省

そんななか、サウジアラビア産の養殖エビがにわかに注目を集めている。サウジアラビアで養殖されているホワイトエビは病気に強い品種で、同じ面積でも倍の量を養殖できる。このホワイトエビならば抗生物質はいらないし、マングローブ林を乱伐しなくて済む。日本の大手商社は、すでにサウジアラビアのエビ加工会社と契約を結び、紅海沿岸で養殖を開始したという。

果たして、ホワイトエビは途上国の森林破壊にストップをかけ、拡大する世界のエビ需要を満たすことができるのか。今後の動向が注目される。

カニ

日本のカニ食文化は、ロシアマフィアが支えていた？

★★★日本のカニはじつはほとんど輸入もの★★★

高級食材として知られるカニもまた、日本になくてはならない水産物である。生産量が世界でもっとも多い国は中国であり、約81万トンを誇る。2位のアメリカが約14万トンだから、中国の生産量がいかに突出しているかわかるだろう。3位以下は約12万トンのカナダ、約6万トンのベトナムとインドネシア、約5万トンのタイと続く。

日本にはカニ食文化が長く定着している。だが、『別冊宝島　食品のからくり6　輸入食品の真実!!』（小倉正行著、宝島社）によると、国内漁獲量はわずか3万数千トンしかなく、約15万トンに達する年間消費量のうち80パーセント近くを輸入に依存している。輸入相手国としては、圧倒的にロシアの比重が大きい。タラバガニは約3万5000トン、ズワイガニは約5万3000トン、毛ガニは約4000トンがロシアからの輸入ガニで、それぞれ全体の7～9割を占める。日本のカニ食文化は、ロシアなしでは成り立たない状況にあるのだ。

ところが、ロシアの輸出統計では、日本に対するカニの輸出量は約550トンとなっている。日本の輸入量に比してあまりに小さすぎる数字だが、これはいったい、どういうことなのだろうか。

★★★ロシアのカニは〝密輸ガニ〟だった!? ★★★

じつはロシアからの輸入ガニは、ロシアの領海で密猟されたものが多いという指摘がある。1990年代半ばから、ロシアマフィアによるカニの密猟や密輸がはじまり、その多くが日本に流れているというのである。

しかし乱獲によってカニが激減したため、近年、ロシア政府は本格的な取り締まりに乗り出した。2007年、ロシアは密猟防止と資源保護を目的として、自国の領海と大陸棚海域で漁獲された活ガニの輸出を禁止したのだ。

だが、この規制は日本に別の問題をもたらすことになる。国内の輸入拠点である北海道では輸入量が減ってしまい、海産物店から活ガニが消えた。さらには大手のカニ輸入業者が倒産に追い込まれるなど、北海道の水産関係者が受けた打撃はけっして小さくはなかった。

タコ

モロッコ沖のタコを激減させた タコ焼き好きな日本人

★★★ 消えたモロッコのマダコ ★★★

タコを食用としているのは、日本、韓国、イタリア、スペインなど一部の国に限られ、それ以外の国ではあまり食べられていない。グロテスクな見た目ゆえ「悪魔の魚」として忌《い》み嫌う欧米人がいるほか、『旧約聖書』の「モーセ五書」には「ウロコとヒレのない魚介類は食べてはいけない」と記されていることで、食べたくても食べられないユダヤ教徒やイスラム教徒もいる。

タコの人気がもっとも高いのは日本で、世界全体のタコ消費の約6割を占める。しかし、国内の漁獲量は年々減少しており、約5割を海外からの輸入に頼っている。

現在、日本のタコ輸入国1位は西アフリカのモーリタニアだが、かつては同国の隣に位置するモロッコが最大の輸入相手国だった。モロッコは大西洋に好漁場をもつ世界有数の漁業立国。日本は、そのモロッコから多くの冷凍マダコを仕入れ、寿司や刺身などに使っていた。

ところが、2000年をピークにモロッコ産のタコが減少しはじめ、日本のタコの輸入事情は激変する。1990年代後半、日本全国でタコ焼きチェーン店がブームになったことがあった。その際、モロッコのタコはやわらかくて味がよく、タコ焼きに向いているということで、モロッコ産のマダコにニーズが集中。

日本での需要の高まりを受け、モロッコは漁獲量を増やした。その結果、マダコが大幅に減ってしまったのである。

★★★捕獲規制で値上がりしたタコ焼き★★★

2003年9月、マダコの枯渇を危惧《きぐ》したモロッコ政府は禁漁措置を発動するなどして、本格的なマダコ保護に乗り出した。そのため、モロッコから日本へのマダコ輸出量は激減し、日本のタコ価格は高騰することになった。タコ価格の高騰は、当然ながらタコ焼き屋を直撃。15個入り400円だったタコ焼きは600円にまで値上がりし、全国のタコ焼きファンは、おおいに嘆き悲しむことになったのである。

現在、モロッコのタコ資源は少しずつ回復に向かいつつある。しかし、スペインやイタリアなどで需要が高まってきており、ふたたび乱獲される可能性も否めない。今後は資源管理が重要課題になるだろう。

クジラ

捕鯨禁止で大打撃！
日本人にとって魅力的な食料資源

★★★クジラは本当に絶滅の危機にあるのか？★★★

クジラはかつて日本人の重要な食料資源だった。日本人とクジラのつながりは、縄文時代にまでさかのぼる。江戸時代には大名から庶民にいたるまで幅広い階層に食されていた。刺身、鍋、竜田揚《たつたあ》げといったクジラ料理を好む人は、いまなお多い。

一方、欧米ではクジラは食料ではなく、鯨油《げいゆ》を採るための燃料資源と見なされていた。いまでは捕鯨に強硬な反対を示す欧米諸国も、かつては捕鯨を行なっていたのである。アメリカは18～19世紀末の200年にわたって乱獲を続け、それによって多くのクジラが絶滅の一歩手前まで追い込まれたといわれている。

現在はＩＷＣ（国際捕鯨委員会）によって捕鯨が禁じられており、日本で見かける鯨肉は調査捕鯨によって捕獲されたものである。ＩＷＣによると、大型クジラの個体数が激減し絶滅の危機に瀕しているので、保護する必要があるという。

そもそもIWCとは、クジラの適正な保存をはかり捕鯨産業を発展させるために1948年に設置された委員会で、日本は1951年から加盟している。2007年3月時点での加盟国は73カ国にのぼる。

だが、このIWCの認識については科学的根拠に欠けるという意見もある。日本捕鯨協会によると、80種類程度いる鯨類のうち、個体数が減少しているのはカワイルカなど少数のみで、本当に絶滅の危機に瀕している鯨類は存在しない。かつて乱獲の対象とされた大型のシロナガスクジラやセミクジラは、一時的に少なくなった時期があるものの、現在は完全に保護されている。ミンククジラやニタリクジラ、マッコウクジラなどの資源状況は良好であり、捕獲しても問題はないという。

IWCが捕獲禁止にした13種のクジラのなかには、ミンククジラやニタリクジラも含まれている。IWCはクジラを種別ごとに捉《とら》えず、全種同じと見て保護を行なっているため、十分な頭数が確保されているクジラさえ捕獲できなくなっているのである。

★★★ますます不利になる日本の立場★★★

日本はIWCが1982年に商業捕鯨の一時中止を決定した後も、調査捕鯨を続けてきた。そして、その結果をもとに資源量が豊富な鯨類の商業捕鯨再開を求めてきた。また、ノルウェーなどの捕鯨推進国と連携して、ＩＷＣの非科学的なやり方に抗議を行なってもいる。しかし、アメリカやイギリス、オーストラリア、ニュージーランドといった反捕鯨国との溝は埋まる気配がなく、問題解決の目処《めど》は立っていない。

そんな状況に追い打ちをかけるように、最近は捕鯨国を支持する国が減ってきている。捕鯨国と反捕鯨国は、これまで途上国をＩＷＣに加盟させて票取り合戦を行なってきた。だが、２００７年のＩＷＣ総会において、捕鯨を支持する国が35カ国だったのに対し、不支持を表明する国が40カ国に達した。現在、日本をはじめとする捕鯨国は僅差《きんさ》ながら劣勢に立たされているのである。

捕鯨国に不利な要素はほかにもある。日本がＩＷＣ加盟国のなかで1カ国だけ公海上で捕鯨を実施しているということで、国際的に批判されているのだ。歴史的な食文化の違いを主張しても、反捕鯨国には受け入れてもらえない。

では、実際のところクジラはどれくらい獲られているのか。

日本の調査捕鯨では、南極海でミンククジラ８５０頭、ナガスクジラ50頭、ザトウクジラ50頭、北西大西洋でミンククジラ２２０頭、ニタリクジラ50頭、イワシク

IWCによるクジラの推定資源量

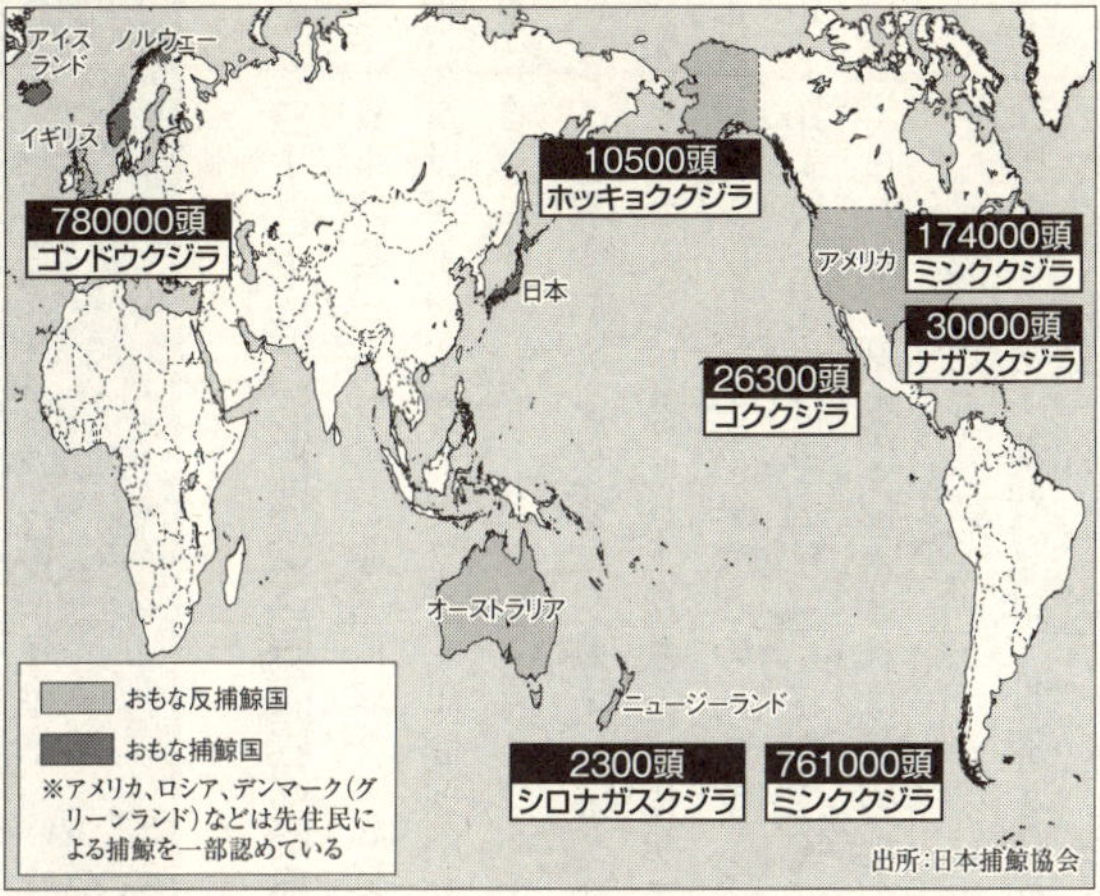
アイスランド
ノルウェー
イギリス
780000頭
ゴンドウクジラ
10500頭
ホッキョククジラ
日本
174000頭
ミンククジラ
アメリカ
30000頭
ナガスクジラ
26300頭
コククジラ
オーストラリア
ニュージーランド
2300頭
シロナガスクジラ
761000頭
ミンククジラ
おもな反捕鯨国
おもな捕鯨国
※アメリカ、ロシア、デンマーク(グリーンランド)などは先住民による捕鯨を一部認めている
出所:日本捕鯨協会

ジラ100頭、マッコウクジラ10頭を捕獲することが認められている。また、フィリピンやインドネシア、カナダなどのIWC非加盟国も年間5～50頭の実績があり、アメリカやロシア、デンマーク(グリーンランド)などの先住民も数十～百数十頭捕獲している。捕鯨はいまも世界各地で行なわれているのだ。

あらゆる水産資源が減少し続けている昨今、数を増やしているクジラは新たな資源としておおいに期待できる。日本の立場としては、反捕鯨国には感情論に走らず冷静な善後策の検討を望むばかりだ。

食料・水資源

コーヒー

消費量拡大の裏に潜む生産国の悲劇とは？

★★★コーヒーは石油に次ぐ国際貿易商品である★★★

コーヒーは茶、ココアと並ぶ世界3大飲料のひとつである。3つのなかでも世界総生産量はコーヒーがトップで、年間取引額は800億ドルと、石油に次ぐ市場規模を誇る。

いまや世界中の人々に愛飲されているコーヒーだが、もともとの原産地はエチオピアだといわれている。10～11世紀にはアラビア半島に伝えられ、14世紀になるとトルコやエジプト、イラクなどのイスラム寺院にコーヒーを飲む習慣が伝わった。そして16～17世紀にはヨーロッパでも広く普及し、17世紀後半に入ってからアメリカに伝えられた。日本に輸入されはじめたのは江戸時代末期のことで、明治期になるとカフェがオープンした。

おもな国のコーヒー消費量は、世界1位がアメリカで122万トン、2位がドイツで52万トン、3位が日本で44万トンとなっており、イタリアとフランスがそれに続く。最近は中国やロシアなどの新興国でも消費量が増加しているため、総需要は年々増える傾向にある。

国民ひとりあたりの消費量がもっとも多いのは12・04キログラムのフィンランドで、4・18キログラムのアメリカや6・64キログラムのドイツ、3・21キログラムの日本のはるかに上を行く。

一方、生産国は中南米諸国、エチオピア、タンザニア、インドネシア、ベトナムなど、「コーヒーベルト」と呼ばれる南北両回帰線のあいだの国々に集中している。そのうち最大の生産国はブラジルで、255万トンと世界の総量の約3割を占めている。2位のベトナムは過去10年間で生産量を約7倍にまで伸ばしている。

★★★コーヒーを飲めば飲むほど極貧農家が増えていく!?★★★

これらコーヒー生産国の多くは途上国であり、国の経済の大部分をコーヒー産業に依存している。だが、コーヒー産業はアメリカなど大国の経済需要に左右されるため、世界経済が好況でコーヒーの生育が順調であればよいが、先進国が不況に陥ったり天候不順になると、相場変動の影響をもろに受け、農家が破産してしまう。

実際、2000年初頭にはコーヒー豆の国際相場が史上最安値を更新している。

高品質のアラビカ豆などを取り引きするニューヨーク市場では、相場価格が1キロ=約50セントに下落。この価格はなんと生産コストの半分である。アフリカやアジアのロブスタ豆を取り引きしているロンドン市場でも、1トン=400ドル台に下落した。これによってエチオピアでは7万件以上の農家が破産し、極貧の生活を強いられたという。

じつはコーヒー1杯の値段のうち、生産者に入る利益はわずか100分の1にしかならないといわれている。コーヒー豆の価格は穀物メジャーや多国籍の焙煎《ばいせん》加工業者に牛耳られており、末端に位置する生産者まで利益が行き届かないのだ。逆に、先進国でコーヒーの売り上げが伸びれば伸びるほど、生産農家は困窮していくという事態が生じている。

こうした矛盾を解消する目的で、近年はフェアトレード運動が活発化してきている。フェアトレードとは、発展途上国でつくられた作物や製品を適正な価格で継続的に取り引きすることにより、生産者の持続的な生活向上を支える仕組みのこと。コーヒーの購買客は、フェアトレード・マークが貼られているコーヒーを購入するだけで、途上国の生産農家や農園労働者を支援することができる。日本ではまだあまり浸透していないが、今後の普及が期待されている。

コーヒー豆のおもな生産国と消費国

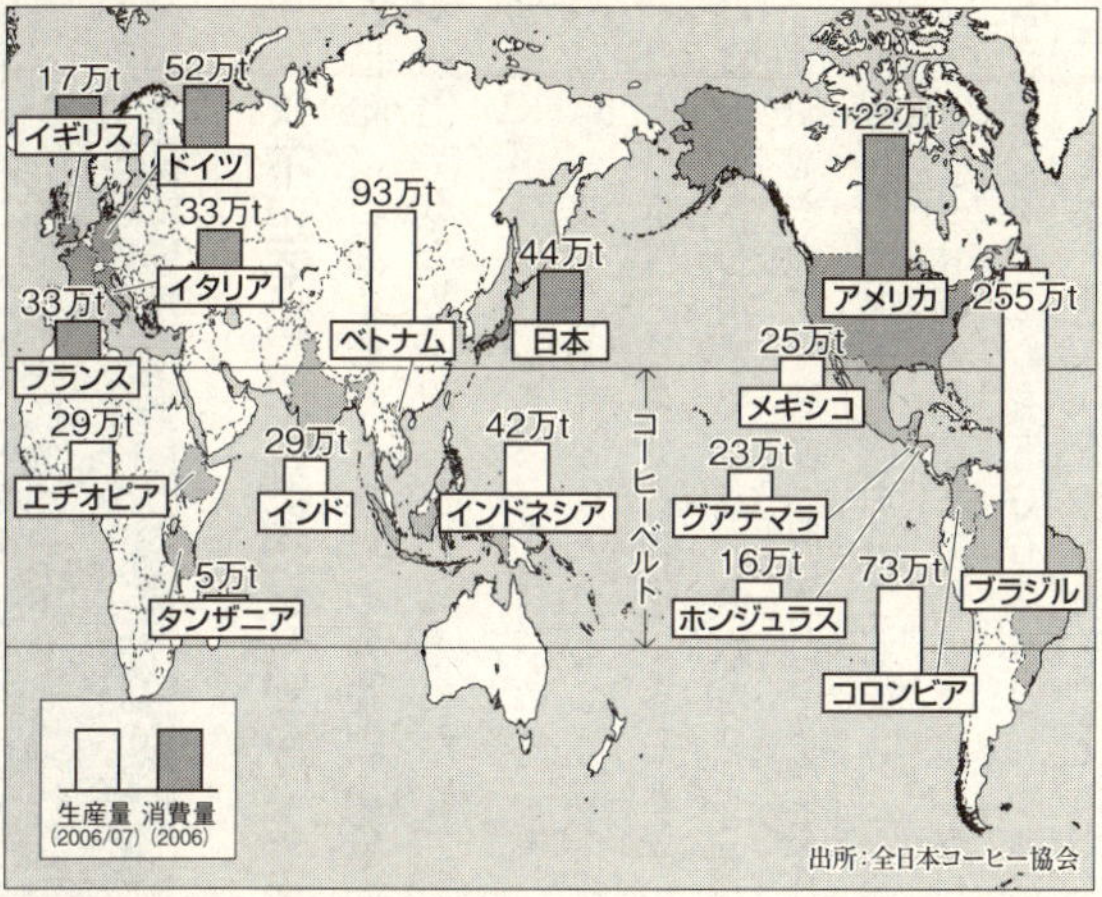
17万t
イギリス
52万t
ドイツ
33万t
イタリア
33万t
フランス
29万t
エチオピア
5万t
タンザニア
93万t
ベトナム
29万t
インド
42万t
インドネシア
44万t
日本
コーヒーベルト
122万t
アメリカ
255万t
ブラジル
25万t
メキシコ
23万t
グアテマラ
16万t
ホンジュラス
73万t
コロンビア
生産量 (2006/07)
消費量 (2006)
出所：全日本コーヒー協会

コーヒー豆の主要品種

- ブラジル（ブラジル）――生産量世界一のコーヒー豆。まろやかな味
- コロンビア（コロンビア）――まろやかななかにも良好な酸味がある
- ブルーマウンテン（ジャマイカ）――味はもちろん、香りもいい最高級品
- グアテマラ（グアテマラ）――良質な香りとコクが自慢の高級品
- ハワイコナ（ハワイ）――酸味があり、マイルドな味わい
- ジャワ・ロブスタ（インドネシア）――強い苦みが特徴的。アイス用
- マンデリン（インドネシア）――コクと香りに苦みがプラスされた本格派
- モカ（エチオピア・イエメン）――シャープな味わいの定番品
- キリマンジャロ（タンザニア）――豊かな酸味のシャキッとした味わい
- ケニア（ケニア）――コクと深みのある味を有するヨーロッパの定番

水

地球で利用可能な水はたったの0・1%

★★★水不足で紛争が勃発している！★★★

20世紀は石油をめぐり世界の列強国が争いを繰り広げてきたが、21世紀は水不足が深刻化することが明らかだ。そのため、今度は水資源をめぐりいたるところで紛争が起こるだろうといわれている。

地球は「水の惑星」といわれるように、その表面積の約7割が水で満たされている。だから水はいくらでも利用できると思いがちだが、地表の水の97・5パーセントは塩分を含む海水であり、淡水は2・5パーセントしかない。しかも、そのほとんどは極地や地下（湖沼《こしょう》・河川もほとんどが地下水）にあるので利用可能な水はわずか0・1パーセントに限られてしまう。

一方、ひとりの人間が1日に使う水の量は約300リットル以上（先進国の場合）とされている。これを500ミリリットルのペットボトルに換算すると、600本以上だ。内訳を見てみると、家庭で使われる水が10パーセント、工業用が20パーセント、農業用が65〜70パーセントとなる。

近年、人間が利用する水資源の量が急速に増加している。その結果、飲み水や灌《かん》漑《がい》用水が足りなくなったり、国同士で水の奪い合いが起きたりしているのである。

たとえば2007年の農林水産省の報告によると、コロラド川やヨルダン川、ガンジス川、漢江、インダス川、ナイル川、ドナウ川など、複数国をまたいで流れる国際河川で、開発や取水《しゅすい》をめぐって、いくつもの水紛争が勃発している。

★★★なぜ水資源は急に足りなくなったのか？★★★

もっとも大きな原因は、単純に世界的な人口増加である。中国やインドなどの新興国をはじめ多くの国で人口が増加し、そのぶん水消費量も増えた。2025年には世界の人口は約80億人になり、全人口の3人に2人が水不足の危機に直面するといわれている。

第二に、ひとりあたりの水消費量の増加が挙げられる。ライフスタイルの変化によって、トイレの水洗化など生活様式が近代化したり、都市化・工業化が進んだことで、ひとりの人間が消費する水の量が爆発的に増えたのだ。

第三に、乱開発で森林が伐採され、砂漠化が進んだことも大きい。最悪の例が中央アジアのカザフスタンとウズベキスタンにまたがるアラル海だ。アラル海は1960年には世界で4番目に大きな湖だったが、2007年にはもとのサイズの10パーセントにまで縮小してしまった。アラル海に注ぐアムダリヤ川とシルダリヤ川の流域を灌漑しようと大量に水を使ったため、湖に流入する淡水が激減したのだ。このほか、中央アフリカのチャド湖やアメリカ・カリフォルニア州のソルトン湖など、消失の危機にある湖は世界中に存在している。

第四の原因は気候変動である。最近は地球温暖化によって降水量の減少や気温の上昇が起こり、乾燥化が進んでいる。数年前から旱魃が続くオーストラリアでは、小麦の収穫がかつての半分以下に減るなど大打撃を受けている。

現在では、世界の人口67億のうち、11億もの人々が水不足に直面しているといわれている。深刻なのはアフリカ、中央アジア、西アジア、中南米の農村地帯で、WHO（世界保健機関）の推計によると、水不足や水の汚染による死者は年間150万人を数えている。

世界各国が対策を早急に講じなければ、水をめぐる争いが世界のあらゆる場所で起こり、水が石油以上に危険な存在になるだろう。

深刻化する地球の水不足

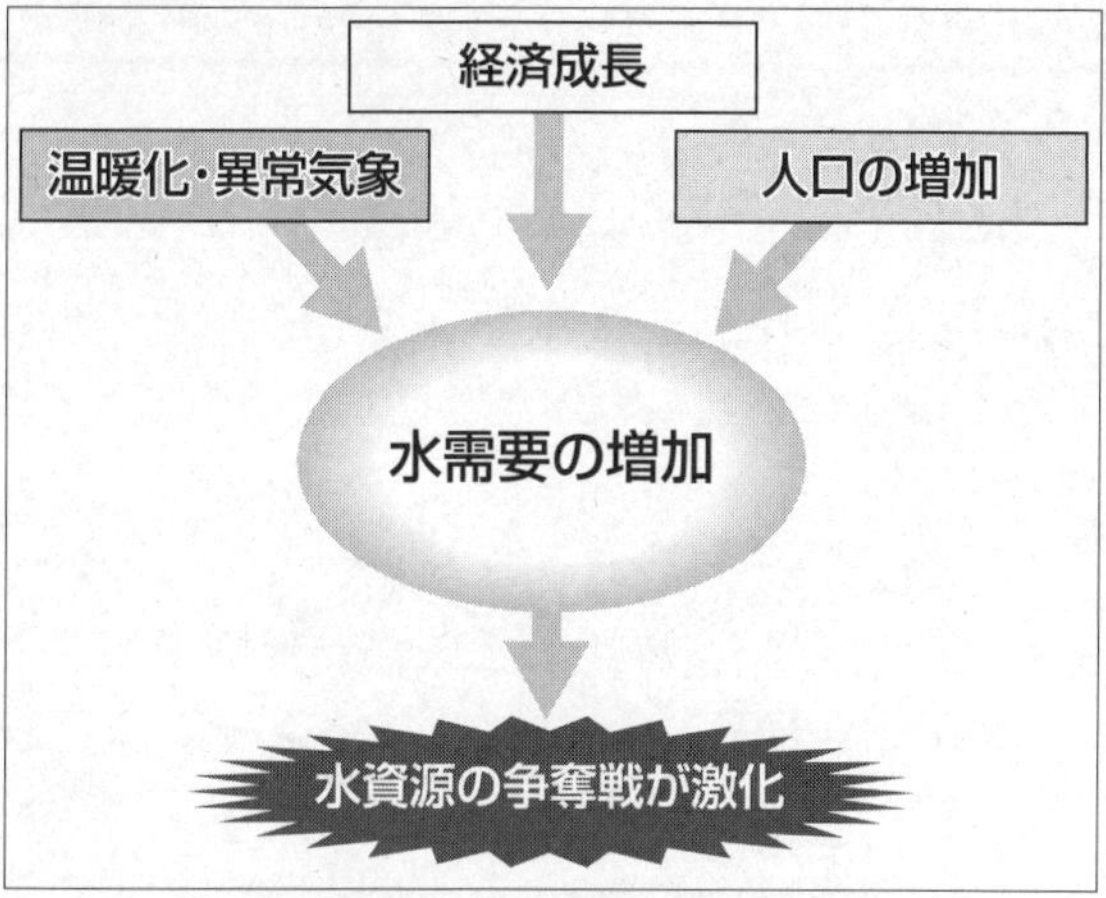
経済成長
温暖化・異常気象
人口の増加
水需要の増加
水資源の争奪戦が激化

水使用量の推移

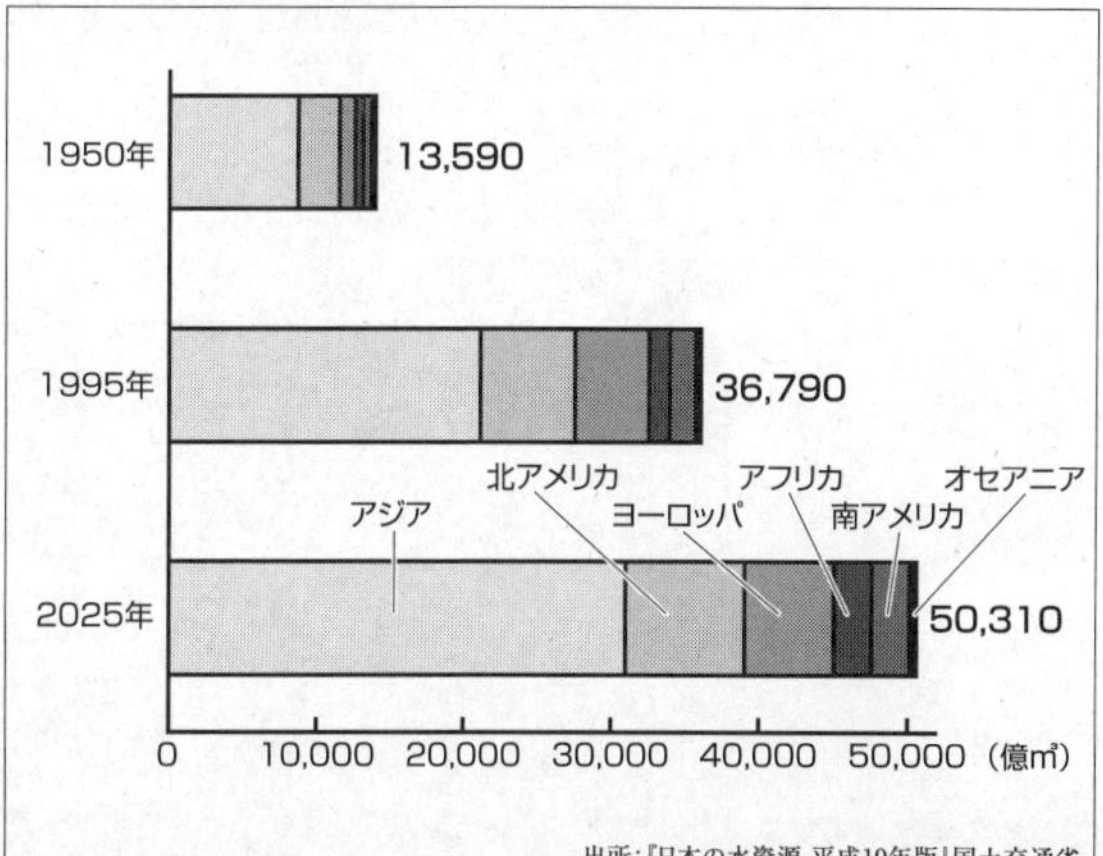
1950年
13,590
1995年
36,790
2025年
50,310
アジア
北アメリカ
ヨーロッパ
アフリカ
南アメリカ
オセアニア
0
10,000
20,000
30,000
40,000
50,000
(億㎥)

出所:『日本の水資源 平成19年版』国土交通省

第5章

文明が生んだ環境・技術資源

環境・技術資源

バイオエタノール

なんと、バイオ燃料が食料価格高騰の犯人だった!?

★★★救世主バイオエタノールにも負の側面がある★★★

石油や天然ガス、石炭の代替燃料として有効なだけでなく、環境にやさしい燃料資源として注目されるバイオエタノール。このバイオエタノールの導入が世界各国で加速してきているということは、30ページで述べたとおりである。

ところが、バイオエタノールこそが究極の燃料資源なのかというと、そう一概にはいい切れない。再生産が可能なことや、二酸化炭素の排出をともなわないことなど、バイオエタノールにはたしかに大きなメリットがある。その反面、デメリットも存在するのである。

★★★バイオエタノールが食料危機を誘発!?★★★

2005年、アメリカのブッシュ大統領（当時）はバイオエタノールの本格的な推進を決定。2007年に制定したエネルギー法では、2022年までに現在の6

倍にあたる1億3600万キロリットルのバイオエタノールを増産する計画を立てた。これにより、多くの農家が小麦や大豆の栽培からバイオエタノールの原料となるトウモロコシ栽培へ切り替えたため、アメリカではトウモロコシの作付面積が4000万ヘクタールにまで増えた。この面積は日本の国土に匹敵《ひってき》し、いまなお増加傾向にある。

だが、このことがさまざまな問題を引き起こした。もっとも大きな問題は食料危機である。

小麦や大豆、オレンジの農家が一斉にトウモロコシ栽培をはじめた結果、小麦や大豆、オレンジなどが不足するようになり、それぞれの価格が高騰した。

また、ほとんどのトウモロコシがバイオエタノールの生産に回されてしまったため、家畜の飼料用に使うトウモロコシが品薄状態になってしまった。すると畜産家はトウモロコシの代わりに小麦などを飼料にしなくてはならず、小麦の価格がさらにつり上がるという悪循環を招いた。

中部大学総合工学研究所教授の武田邦彦氏は『SAPIO 2008年6月25日号』（小学館）のなかで、バイオエタノールのせいで将来的に餓死者が増えると予測している。WFP（国連世界食糧計画）の統計によると、現在、世界には餓死寸前の

トウモロコシとサトウキビがエタノールに仕向けられる割合

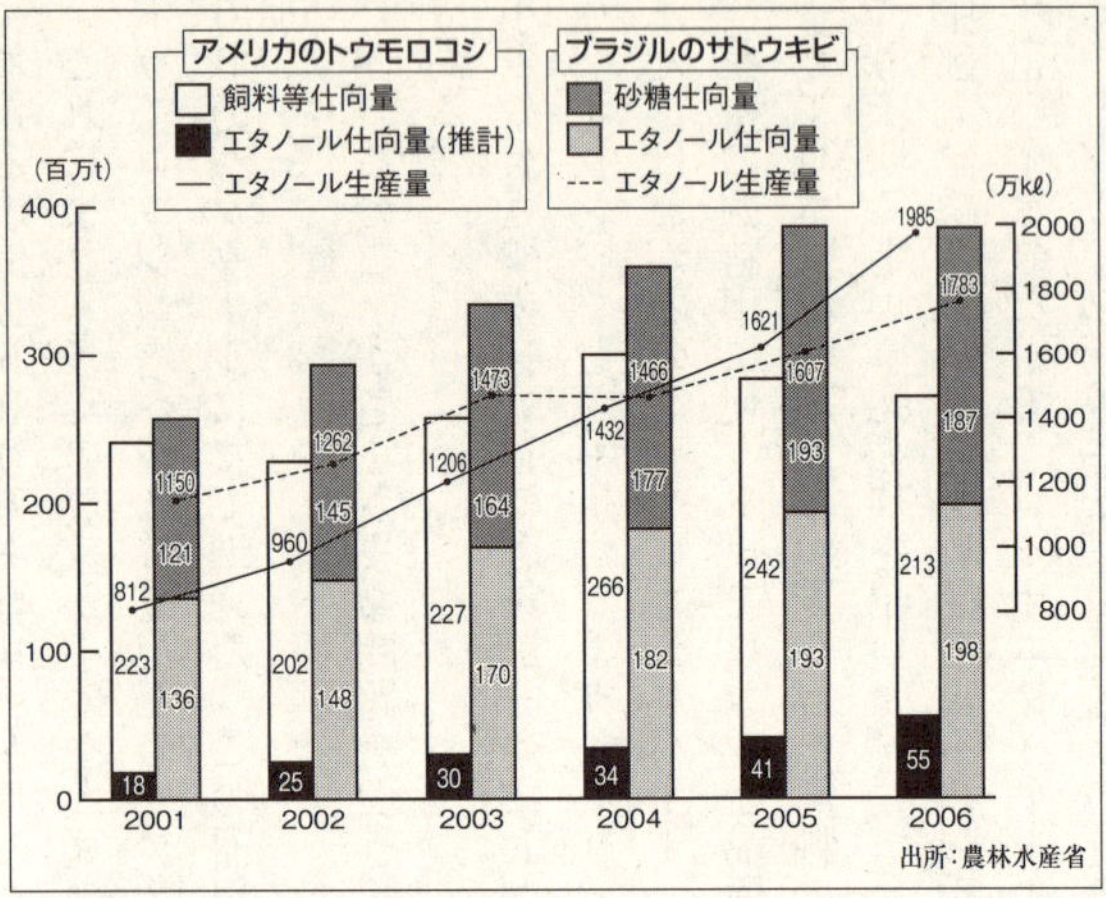
アメリカのトウモロコシ
飼料等仕向量
エタノール仕向量（推計）
エタノール生産量
ブラジルのサトウキビ
砂糖仕向量
エタノール仕向量
エタノール生産量
（百万t）
（万kℓ）
400
300
200
100
0
2000
1800
1600
1400
1200
1000
800
2001
2002
2003
2004
2005
2006
18
223
812
136
121
1150
25
202
960
148
145
1262
30
227
1206
170
164
1473
34
266
1432
182
177
1466
41
242
1621
193
193
1607
55
213
1985
198
187
1783
出所：農林水産省

人々が8億人も存在し、彼らは余剰穀物を安く仕入れて、なんとか飢えをしのいでいる。だが、バイオエタノールが普及すれば余剰穀物の大半はバイオエタノールに使われてしまい、貧しい人々の口に入らなくなる。そうなれば、餓死者が増加するのは明らかで、エネルギー問題も大切ではあるが、より重要なのは生きるための食料問題だと主張している。

また、地球にやさしいはずのバイオエタノールが、逆に環境破壊を招いているという別の指摘もある。

南アメリカのアマゾン流域では、バイオエタノール用のサトウキビ畑が次々とできている。耕作地を求めて森林伐採を繰り返し行なえば、みるみる間に環境破壊が進んでしまう。

さらに、さきの武田氏は、バイオエタノールの温暖化防止への貢献度は、さほど高くないとも述べている。穀物栽培に使う農業機械は石油を燃料にしているし、肥料や農薬ももとをたどれば石油からできている。加えて、トウモロコシからエタノールへの製造過程でも石油が使われている。つまり、バイオエタノールを製造するためには、目に見えない形で多くの化石燃料を投入しなければならないのだ。

そして、それらを換算すると、でき上がったバイオエタノールのエネルギー量よりも、使った石油のエネルギー量のほうが多くなる場合さえある。そのため、穀物は燃料としてではなく、やはり食料として使うべきだと結論づけている。

こうした意見はバイオエタノール大国のアメリカでもさかんに唱えられており、食品業界団体や著名なシンクタンクを中心に反バイオ燃料キャンペーンが行なわれている。食べるべきか、それとも燃料にするべきか。適切な判断が求められているのである。

原子力発電

原子力抜きにエネルギーの安定供給は不可能なのか?

★★★脱原発から原子力ルネサンスの時代へ突入★★★

エネルギーの安定供給なくして人類は生活を送ることができない。ところが、石油や石炭などの燃料資源は埋蔵量に限りがあり、温暖化を引き起こす。その代替エネルギーとして有力視されているバイオ燃料は食料危機を招く怖れが指摘され、太陽エネルギーなどの自然エネルギーはまだ実績に乏しい。

そこで現在、実効性のあるエネルギー供給技術として、ふたたび注目を浴びているのが原子力発電だ。原子力発電は二酸化炭素の排出量が少なく、エネルギー源となるウランの埋蔵量も石油や天然ガスに比べて多い。将来性のあるエネルギー源といえるだろう。

とはいえ、1979年のアメリカのスリーマイル島原子力発電所事故や、1986年のウクライナ(当時はソ連)のチェルノブイリ原子力発電所事故などの影響により、かつては世界的に反原発の世論が高まった時期があった。また、使用済み核燃料や放射性廃棄物の処理問題、巨額の建設資金問題などが解決できなかったこともあって、欧米諸国の多くは脱原発の路線を進んでいた。

しかし2005年以降、それまで原子力発電所の新設を控えていたアメリカを旗頭に、「原子力ルネサンス」とでもいうべき原子力回帰の動きが世界で起きている。たとえば、世界最多の104基の原子力発電所が稼働しているアメリカでは、2005年に包括エネルギー法が成立し、原子力発電所の建設が短期間で行なえるようになった。ほかに、原子力発電所の新設に減税措置や一部助成を講じるなど、国を挙げて原子力発電を推進している。

アメリカだけではない。ヨーロッパでも原子力回帰の動きが顕著に見られる。世界2位の原発大国フランスでは、現在稼働中の59基を2020年までに新型原子炉に置き換え、さらなる増強をはかる予定である。一時、国民投票により原子力発電から撤退したイタリアも原子力発電に強い関心を寄せているし、イギリスも原子力推進政策へ大きく方向転換している。

アジア諸国の多くも原子力政策に積極的だ。中国では原子力発電所着工ラッシュが続いており、中国核工業集団公司は2020年までに100万ワット級の原子力発電所を30基新設すると発表した。インドや東南アジア諸国でも原子力発電所が増

原子力発電のさかんな国(2008年)

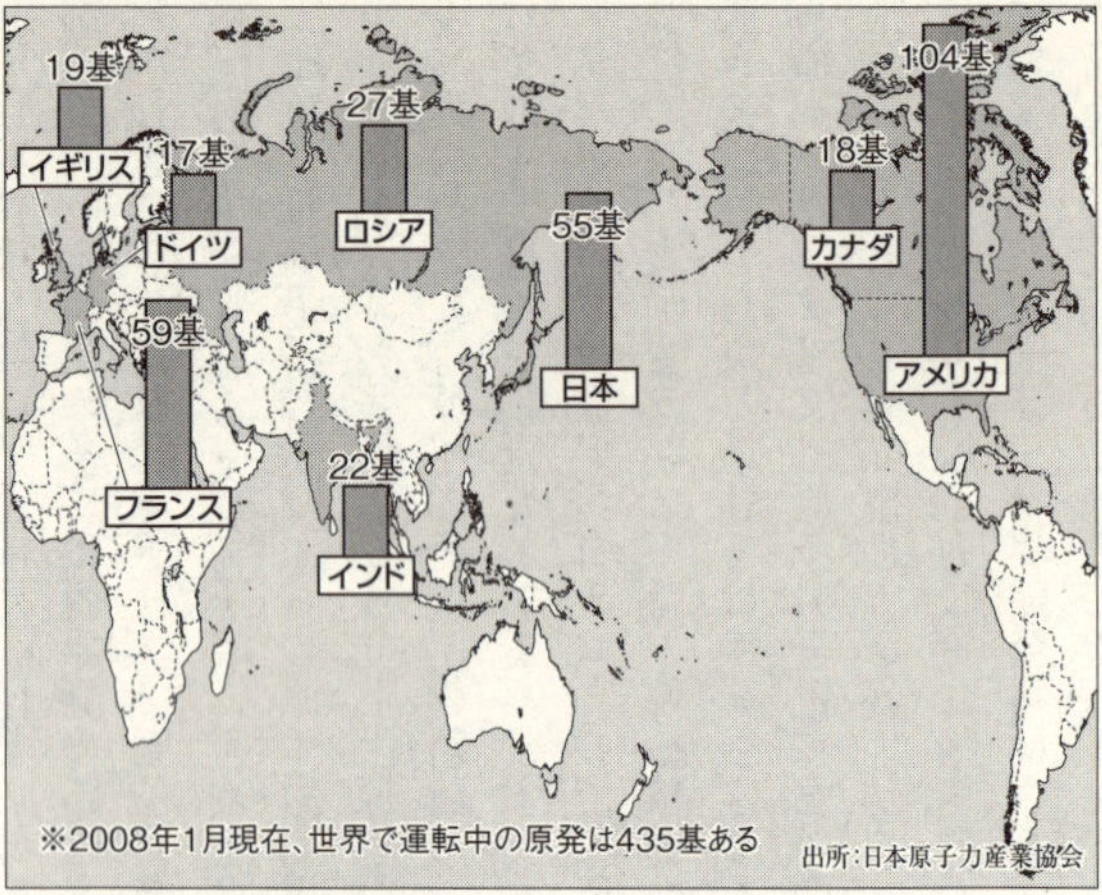
19基
イギリス
17基
ドイツ
27基
ロシア
55基
日本
18基
カナダ
104基
アメリカ
59基
フランス
22基
インド
※2008年1月現在、世界で運転中の原発は435基ある
出所:日本原子力産業協会

各種電源の発電量あたりの二酸化炭素排出量

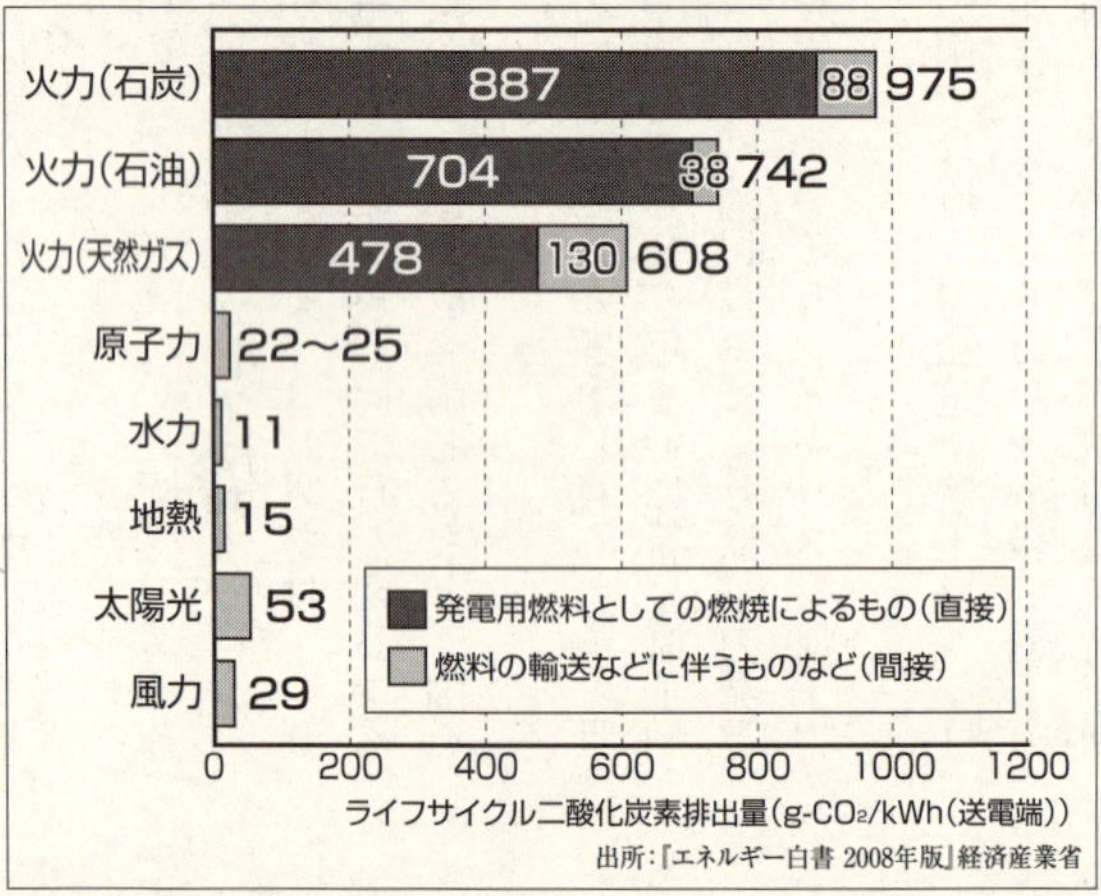
火力(石炭) 887 88 975
火力(石油) 704 38 742
火力(天然ガス) 478 130 608
原子力 22〜25
水力 11
地熱 15
太陽光 53
風力 29
発電用燃料としての燃焼によるもの(直接)
燃料の輸送などに伴うものなど(間接)
0 200 400 600 800 1000 1200
ライフサイクル二酸化炭素排出量(g-CO2/kWh(送電端))
出所:『エネルギー白書 2008年版』経済産業省

加している。

★★★原子力発電にはさまざまな問題点がある★★★

しかしながら、原子力発電には「夢のエネルギー」とは言い難い面がある。原子力発電によって排出されるプルトニウムは自然界には存在しない物質であり、処理するのが非常に難しい。たとえば、プルトニウム239の半減期は2万4000年とされている。つまり、放射能量を半分に減らすには2万4000年かかるのだ。

こうした放射性廃棄物は現在の技術では処理することができず、放射能が漏れないように地中深くに埋めるしか手立てはない。そのための地層処理にかかる費用は、2兆7000億円以上といわれている。

また、原子力発電は一般に安価であるとされているが、コスト計算では原子力発電所の耐用年数を長く見積もったり、放射性廃棄物の処分費用が含まれていなかったり、受け入れ地へ払われる交付金が計上されていなかったりと、実質的コストがわかりづらい点も見逃せない。

このようなリスクを負ってまでも原子力発電を推進することが正しいのかどうか、答えは出されていない。今後もまだまだ論議を呼びそうである。

プルサーマル計画

燃え残りの核燃料を利用するリサイクル計画

★★★プルサーマル発電とはいったい何か？★★★

原子力発電の燃料として用いるウランは人体に有害な放射性物質で、使用済み燃料の処理が問題になっていることは前項で述べたとおりだ。だが、じつはこの使用済み燃料は、やり方によっては貴重な資源に変えることができる。

そもそも原子力発電では、ウランを核分裂させ、そのときに発生するエネルギーを電力に変えている。用済みとなったウランからはプルトニウムという核物質を取り出すことができ、燃え残ったウランと混ぜるとMOX（Mixed Oxide Fuel＝プルトニム・ウラン混合酸化物）燃料に変化する。このMOX燃料のエネルギーはもとのウランのエネルギーの20～40パーセントに相当し、燃料として用いれば、ふたたび発電を行なうことが可能になる。要は、核燃料をリサイクルして電気を発生させようというのである。

この方法は「プルサーマル発電」と呼ばれ、資源の有効利用として期待を集めている。ちなみに、プルトニウムは核燃料としてだけではなく、プルトニウム電池として使われる場合もある。

プルサーマル発電を行なえば放射性廃棄物の減量化が可能になるし、最近需要が急増しているウラン資源の節約にもつながる。ドイツ、フランス、アメリカ、スイスなど9カ国では、すでにプルサーマル発電が実用化されており、資源に乏しい日本も負けじと開発に力を注いでいる。

★★★日本でのプルサーマル発電の実状★★★

日本は1950年代からプルサーマル発電を計画してきたが、いまだに実現できていない。原子力発電所を建設するときと同じように、プルサーマル計画にはつねに安全性の問題がついてまわる。そのため、地域住民の理解を得ながら動かなければならず、なかなか先に進めないのが現状だ。

しかも、トラブル隠しや死傷事故が起こったせいもあり、計画が頓挫《とんざ》したままになっている。このままでは、安全に関する住民の理解を得るのはなかなか難しい状況である。

1977～2006年までのあいだ、日本は原子力発電所から出る使用済み核燃料を約1128トンも再処理しており、これらの燃料を早急にプルサーマル発電に役立てたいという考えをもっている。実際、政府は2010年までに国内の原子力発電所の16〜18基の原子炉でプルサーマル発電を実施する計画を立てている。しかし、実現できるかどうかとなると、まだ不透明な状況だ。

ただし、2005年に策定された「原子力政策大綱」では、2030年以降も総発電電力量の30〜40パーセントを原子力発電でまかなうとされている。この数字を見る限りでは、今後も原子力発電が日本の電力政策の主力を担うであろうことは間違いない。そのことからも、プルサーマル発電の実用化は重要な問題なのだ。

青森県六ヶ所村の使用済み核燃料再処理工場は2006年3月から試運転を行なっており、地元自治体の理解が得られれば、本格的な営業運転をはじめることができる。また、2008年4月には同県大間《おおま》町に改良型沸騰水型軽水炉（ABWR）の設置が許可された。この原子炉は、ウランのすべてをMOX燃料に変えられるという。実現すれば世界初の試みとなるだけに、かかる期待は大きい。

このように、少しずつではあるが、日本の原子力発電の設備は充実してきている。政府としては、9カ国に後れをとっているプルサーマル発電を一気に進めたい考えである。

環境・技術資源

水素

二酸化炭素を排出せず、燃費もよい究極のクリーン燃料

★★★注目度の高いもうひとつの代替エネルギー★★★

石油の代替エネルギーとして注目されているもののひとつに、水素エネルギーがある。水素エネルギーには優れた点がいくつもあるため、かかる期待は日増しに高まっている。新時代のエネルギーの主役を担うとさえいわれるほどだ。

まず、水素エネルギーは環境にやさしい。たとえば、水素をエネルギーとする燃料電池車の場合、水素と空気中の酸素を化学反応させ、その際に発生するエネルギーを利用して走る。したがって、二酸化炭素を排出して地球温暖化を促進する心配がない。

車自体のエネルギー効率が高いことも特徴のひとつである。ガソリン車が約16パーセント、ハイブリッド車が約32パーセントなのに対し、燃料電池車は将来的に40パーセント近くまでいけると見込まれている。燃料電池車は、ガソリン車の約3倍、ハイブリッド車の1・5倍も燃費がよいのだ。

さらに、水素は枯渇する恐れがない。石油や石炭は、使い続けていれば必ずいつかはなくなる。その点、水や有機化合物の構成要素として豊富に存在する水素は、半永久的に利用することができる。

★★★弱点はなんといっても高いコスト★★★

このように、水素は魅力溢れるエネルギーだが、現時点ではあまり普及が進んでいない。理由は、水素エネルギーをつくる際にコストがかかりすぎるからである。

水素を生産する際には、おもに2つの方法がとられる。ひとつは炭化水素を化学的に分離する方法で、これは分離時に石油などの化石燃料を使用しなくてはならない。もうひとつは電気分解して水素を取り出す方法で、こちらも電気をつくるために化石燃料を大量に使用する必要がある。

また、水素をエネルギーとして使う場合、1立方メートルあたりの発熱量はメタンの約3分の1、プロパンの約8分の1にしかならない。そのため、圧縮して水素ボンベや液体水素容器に詰め込まなくてはならず、たとえばガソリン価格が1リットルあたり100円とすると、同じエネルギー量を得るのに140円かかるといわれている。

こうして見ると、水素エネルギーが石油と比べてハイコストになるのは明らかだ。水素エネルギーはたいへん高価なエネルギーなのである。

とはいえ、世界には水素エネルギーを積極的に取り入れている国もある。たとえば北欧のアイスランドでは、外国企業と共同で燃料電池で動くバスや漁船を走らせている。アイスランドは水力発電がさかんな国で、なおかつ火山国ということもあり、地熱に恵まれている。水素エネルギーの生産は、そうした恵まれた環境のなかで行なわれているのだ。将来的には、ヨーロッパ各国へ水素エネルギーを輸出することも考えているという。

日本でも自動車メーカーが燃料電池車の研究開発を進めているほか、石油会社も水素ステーションの運営に乗り出したり、災害時の緊急発電として水素による発電ができる実験を試みたりしている。

さらに、水素はエネルギーとして利用されるだけでなく、プラスチックや肥料をつくる化学産業や、IT・電気産業、建設用機材の製造に欠かせない材料にもなる。そのため、現時点では実用化が難しいとしても、将来に向けて多くの試みがなされることが期待されている。

環境・技術資源

風力エネルギー

ドイツの占める割合がとりわけ高い理由とは？

★★★なぜドイツでは風力発電の普及が進んだのか★★★

風の力で風車を回して発電する風力エネルギーは、再生可能エネルギーのなかでは比較的低コストなため、世界に広く普及している。２００６年の全世界の風力発電導入量は約７４００万キロワットにも達する。

地域別に見ると、風力発電設備が増加傾向にあるのはＥＵやアメリカ、インドなどである。ＥＵでは２０２０年までに電力消費量の20パーセントを再生可能エネルギーに切り替えることを目標にしており、水力、太陽光とともに風力にかける期待は大きい。

そのＥＵのなかで、最大の風力発電容量を誇る国がドイツである。ドイツは全世界の風力発電導入量の27・７パーセントを占め、堂々と世界1位の座に君臨している。風力発電用の設備機器にいたっては、ドイツのメーカーが50パーセントものシェアを占めている。

日本における風力発電導入量の推移

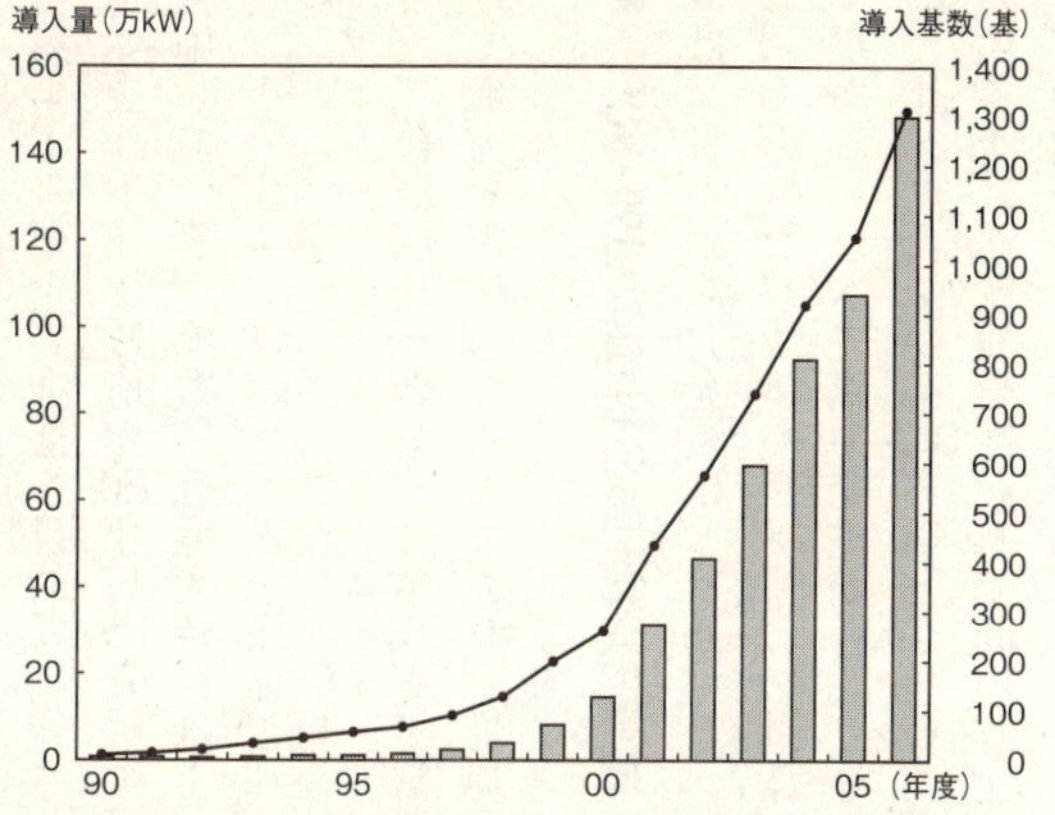
導入量(万kW)
導入基数(基)
160
140
120
100
80
60
40
20
0
1,400
1,300
1,200
1,100
1,000
900
800
700
600
500
400
300
200
100
0
90
95
00
05 (年度)

出所:『エネルギー白書 2008年版』経済産業省

主要国の風力発電導入量

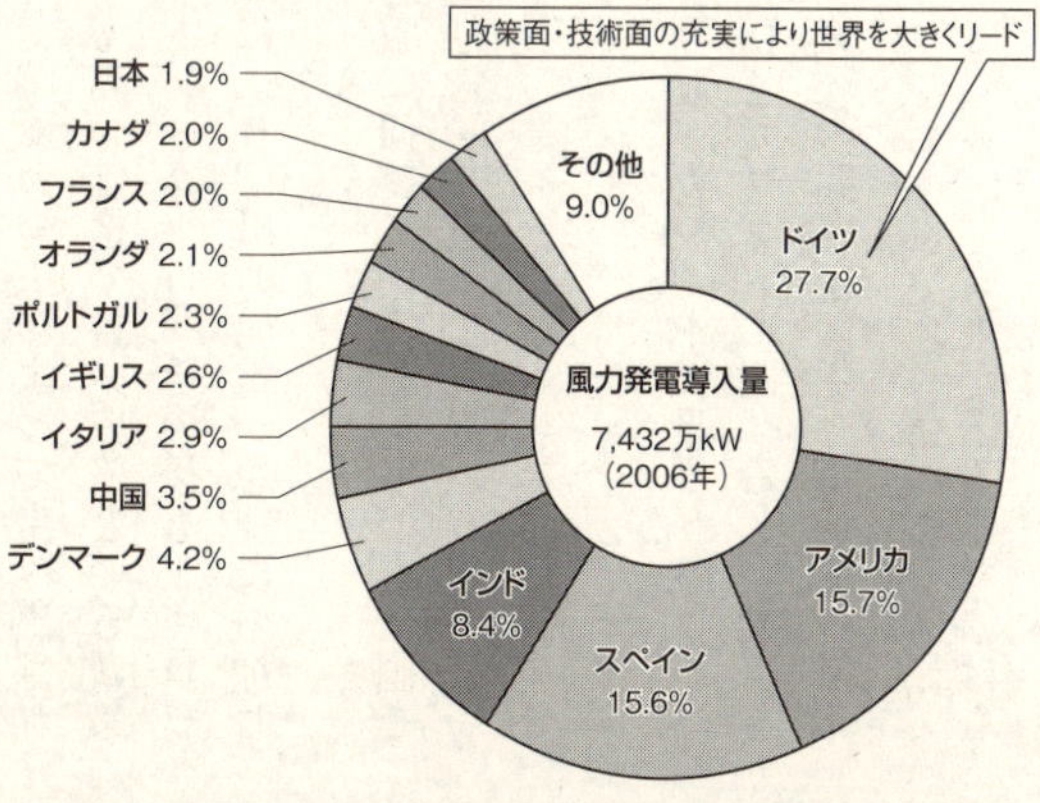
政策面・技術面の充実により世界を大きくリード
日本 1.9%
カナダ 2.0%
フランス 2.0%
オランダ 2.1%
ポルトガル 2.3%
イギリス 2.6%
イタリア 2.9%
中国 3.5%
デンマーク 4.2%
その他 9.0%
ドイツ 27.7%
風力発電導入量
7,432万kW
(2006年)
アメリカ 15.7%
スペイン 15.6%
インド 8.4%

出所:『エネルギー白書 2008年版』経済産業省

ドイツで風力発電が普及した背景には、再生可能エネルギー法がある。この法律は自然エネルギーの推進を目的に制定されたもので、風力発電によって生み出された電気を、ドイツ政府が20年にわたって通常よりも高い価格で買い取るという政策を実施している。風力発電導入時には1キロワット＝8ユーロ、その後も1キロワット＝5・5ユーロのラインが保証される。これにより、風力発電が急速に増加したのだ。

また、経済成長が著しくエネルギー需要量が急激に伸びているインドでも、国を挙げて風力発電に取り組んでおり、世界屈指の風力発電大国になっている。

★★★おそまつな日本の風力発電事情★★★

では、日本の風力発電はどうか。日本は約1100メガワットで世界13位。ドイツの約2万メガワットやアメリカの約1万1000メガワットに比べると、大きな開きがある。日本で風力発電が普及しないのは、気候の問題が関係している。欧米諸国に比べて大気が乱れることが多いため、発電コストが高くついてしまうのだ。

関係各所は蓄電池を併設して問題解決にあたっているが、成果が出るまでにはもう少し時間がかかりそうである。

環境・技術資源

太陽エネルギー

タダで際限なく使えて環境にやさしい！
注目度大の新エネルギー

★★★太陽エネルギーは枯渇の心配がない★★★

太陽エネルギーとは、文字どおり太陽から放射されるエネルギーのことである。地球に降り注ぐ太陽エネルギーは世界全体の年間消費エネルギー量よりも多いといわれる。無料で使えるうえに枯渇する心配がなく、クリーンで環境にやさしい。そのため、新時代の自然エネルギーとして水素と同じくらい期待を集めている。

この太陽エネルギーは太陽熱と太陽光に分けられる。太陽熱を利用したシステムとしては、湯を沸かしたり冷暖房に利用するソーラーシステムが挙げられる。一方、太陽光を利用したシステムとしては、太陽光を電力に変えて太陽電池で発動する太陽光発電がある。現在、発電用のエネルギーとして注目されているのは後者だ。太陽光発電の太陽電池には、シリコン系や化合物半導体系の太陽光パネルが採用されている。これは稼働中も静かで寿命が長く、しかも、発電施設と電気製品が直結しているため、送電線がいらない。このように、太陽光発電には多くのメリットがある。しかし、その反面、発電効率がよくないことや一定の出力を得るのに蓄電設備が要ることなどのデメリットも存在する。天候の影響を大きく受けてしまうこともマイナスだ。曇りになると晴天時の2分の1〜3分の1、雨になると晴天時の5分の1〜10分の1の電気しかできず、当然ながら夜もまったく発電できない。

★★★じつは日本は太陽電池大国だった★★★

現在の世界における太陽光発電システムの担い手はドイツ、日本、アメリカで、この3カ国で全世界の導入量の9割以上を占める。2006年時点での世界の導入量は570万キロワット。1997年当時と比べると、10倍以上増加した。今後はさらに増えることが予想され、IEA（国際エネルギー機関）によると、2020年まで年平均20パーセントの割合でアップするという。

ドイツで太陽光発電がさかんな理由は、196ページでも紹介した自然エネルギーの買い取り制度があるから。ドイツ政府は、風力や太陽光などの再生可能エネルギーで発電した電力を通常よりも高い値段で買い取ってくれるのである。

上位3カ国にはおよばないものの、最近はスペインの躍進が著しい。スペインは買い取り価格をドイツ並みにするなどの支援策を講じているほか、広大な敷地一面

主要国の太陽電池生産量と太陽光発電導入量

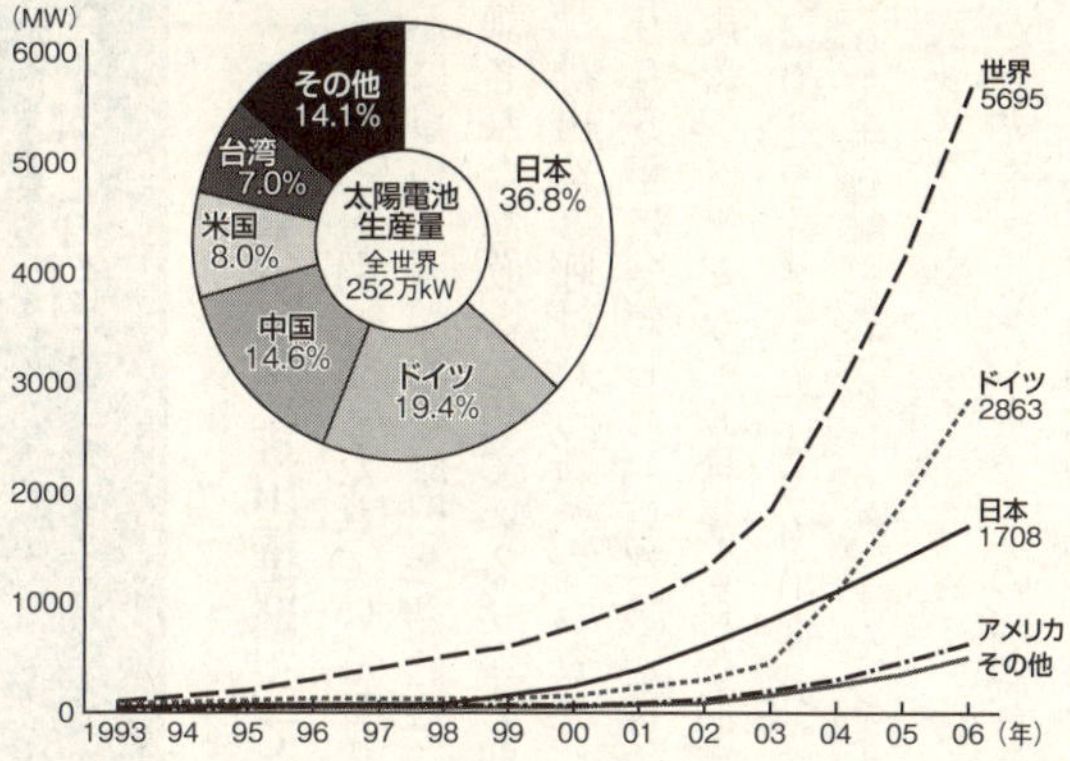
(MW)
6000
5000
4000
3000
2000
1000
0
1993
94
95
96
97
98
99
00
01
02
03
04
05
06
(年)
世界 5695
ドイツ 2863
日本 1708
アメリカ
その他
太陽電池生産量
全世界 252万kW
日本 36.8%
ドイツ 19.4%
中国 14.6%
米国 8.0%
台湾 7.0%
その他 14.1%

出所:『エネルギー白書 2008年版』経済産業省

に太陽光パネルを設置するソーラーパーク事業もさかんに行なっている。

日本は2003年まで太陽光発電導入量で世界1位だった。日本では1974年以来、1800億円もの研究開発予算がつぎ込まれ、太陽光発電の効率化や低コスト化が推進されてきた。2004年に年間設置量で、2005年には累積導入量で世界1位の座をドイツに明け渡してしまったが、太陽電池の生産量では現在も世界1位をキープしており、太陽電池のシェアの2割近くは日本製品である。

環境・技術資源

排出権取引

温室効果ガスに値段のつく時代が到来した！

★★★温室効果ガスの排出権取引って何？★★★

いまもっとも関心をもたれている世界的な環境問題といえば、地球温暖化をおいてほかにない。温暖化の原因とされる二酸化炭素などの温室効果ガスの削減が、人類に課された急務となっている。この問題解決の決め手となり得るものがある。それは、排出権と呼ばれる新たな〝資源〟だ。

2005年に発効した「京都議定書」では、地球温暖化防止策として先進国に二酸化炭素、メタンなど6種類を含む温室効果ガスの削減が義務づけられた。2008～2012年までに1990年比で日本6パーセント、アメリカ7パーセント（2001年に離脱）、EU8パーセントという温室効果ガスの削減目標が設けられたのである。

だが、先進国にとって、この削減目標を自国内だけで達成するのは非常に難しい。なぜなら、先進国は途上国と異なり、社会システムがすでにでき上がってしまっているからだ。

そこで、各国の削減対策の補完措置として排出権取引という新しい考え方が生み出された。排出権とは国や企業に定められた温室効果ガスの排出許容量のことで、許容範囲内に排出量を抑えた国や企業は、許容量をオーバーしてしまった国や企業に対して、余ったぶんの排出権を売ることができる。これが排出権取引の基本的な考え方である。

★★★排出権取引市場は数兆円規模のビッグ・ビジネス！★★★

さらに最近は、この排出権取引が新しいビジネスになりつつある。EUなどは2005年から排出権の売買を積極的に行なっており、現在は株式取引所のような排出権取引市場が形成されている。

ノルウェーの調査会社によれば、2007年における温室効果ガスの排出権取引総額は前年比180パーセントの400億ユーロ（約5兆4000億円）、2008年は630億ユーロ（約8兆5000億円）にまで拡大する見込みだという。

2009年からは京都議定書への批准を拒否したアメリカも市場に参入する予定で、ニューヨーク州などの10州が「地域温室効果ガス構想」として排出権取引を開始することになっている。

一方、日本は欧米諸国に比べて市場への参入が遅れている。「企業に排出枠を割りあてると、コストがかさんで国際競争力が低下する」として、経済団体などが猛烈に反対しているのである。

しかし、参入が遅れれば遅れるほど、日本は弱い立場に置かれる。自助努力だけでは削減目標を達成できないという日本の弱みにつけ込み、排出権を買い占めている人々が排出権価格をつり上げる可能性があるからである。

現在の試算では、日本が必要になる排出権は5年間で最大10億トンにのぼるともいわれている。現在の価格で換算すると約2・5兆円。足元を見られれば、価格が2倍になることも考えられる。それでも日本は、その高額な値段で買わざるを得なくなってしまうのである。

市場は今後さらに膨れ上がると見られており、日本も2005年より自主参加型国内排出量取引制度を実施している。これまでの遅れを取り戻し、市場で優位に立てるかどうかに注目が集まっている。

排出権取引のしくみ

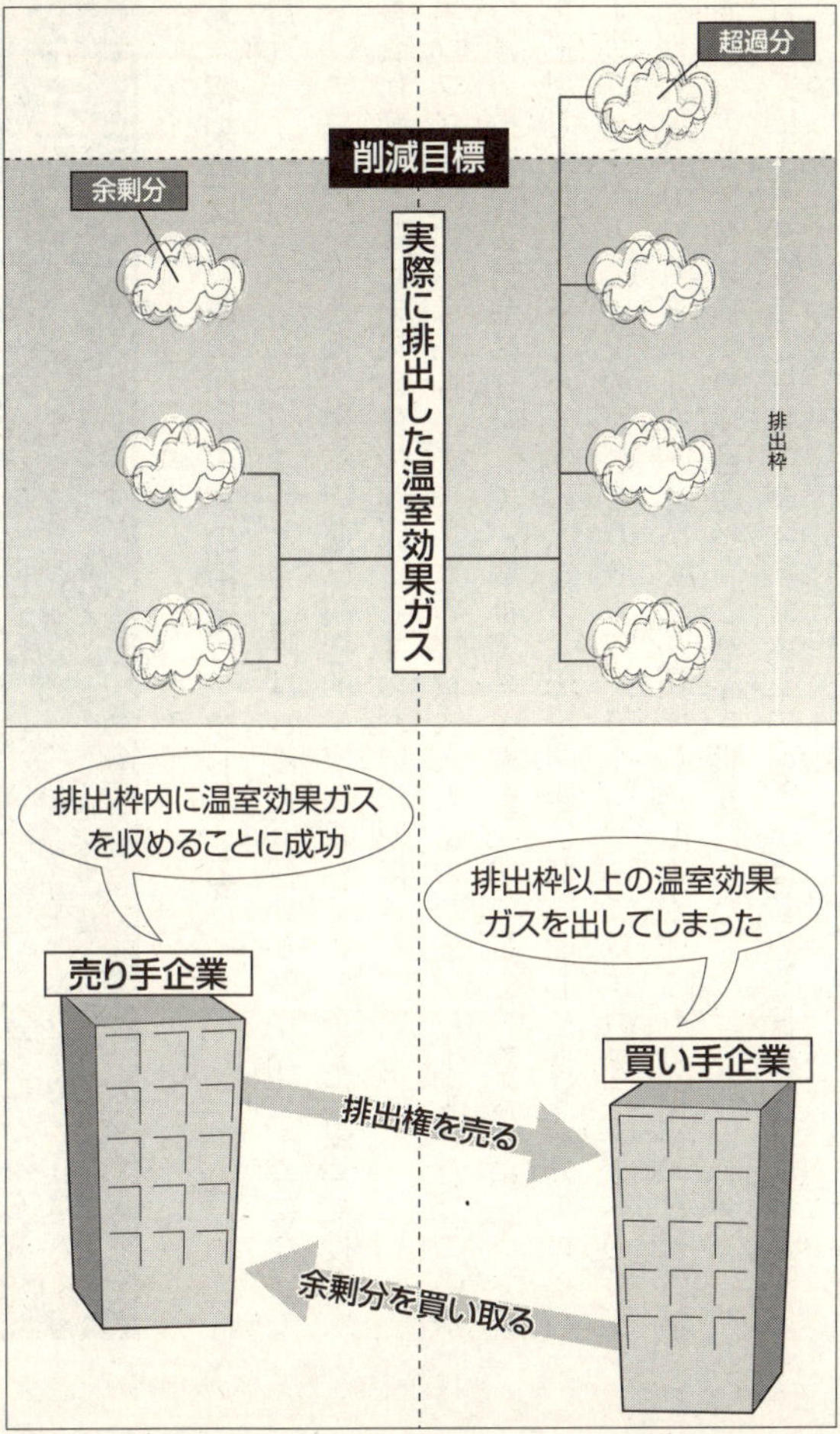
超過分
削減目標
余剰分
実際に排出した温室効果ガス
排出枠
排出枠内に温室効果ガスを収めることに成功
排出枠以上の温室効果ガスを出してしまった
売り手企業
買い手企業
排出権を売る
余剰分を買い取る

エコファンド

環境対策を講じる企業が新時代の勝利者に!?

★★★将来性は？ 環境がテーマの投資ファンド★★★

最近、「エコファンド（ECO fund）」と呼ばれる投資信託が静かなブームになっている。エコファンドとは、環境問題に積極的に取り組んでいる企業に限って投資する投資信託をさし、未来の環境資源としておおいに期待されている。

エコファンドは、もともとアメリカの宗教法人大学の基金から生まれた。この基金では、投資先を社会に貢献している企業や環境を大切にしている会社に限って資産を運用した。その考えが徐々に広まり、環境問題に深い関心を寄せるヨーロッパでエコファンドとなったのだ。２００６年、ヨーロッパではエコファンドへの投資総額が31億７０００万ユーロ（約４３００億円）に達したが、これは前年のほぼ5倍であり、エコファンドへの注目度の高さを浮き彫りにした。

日本では１９９９年、日興アセットマネジメントがはじめて日興エコファンドを販売した。女性による開発商品であったことや投資目的が目新しかったこともあって注目を浴び、約1カ月で500億円以上を売り上げて話題になった。現在はより多くの会社が商品を展開している。

★★★エコファンドのメリット・デメリット★★★

エコファンドの投資先である企業は、大きなメリットが得られる。たとえば、投資家から一般企業よりも優先的に資金援助を受けられるし、環境に配慮した企業だというプラスのイメージを広く一般にアピールできる。

一方、投資家にとってもメリットは少なくない。環境問題に取り組んでいる企業は十分なリスク管理がなされているので、中長期的に見た場合、意外なハイリターンが期待できる。また、温暖化防止、環境保護に貢献しているという意識を高めることもできるだろう。さらに環境省では、2007年度からエコファンドの投資家に対して税制の優遇措置を設けているため、税負担を軽減してもらえる。

だが、投資にはリスクがあることも忘れてはならない。「環境」というテーマに絞っての投資だけに、万一この分野の産業が不景気になった場合、損失を被《こうむ》る可能性もあるのだ。

都市鉱山

じつは、日本は
レアメタルの宝庫だった⁉

★★★日本の都市鉱山とは、いったい何を意味している?★★★

日本は資源の乏しい国である。石油はほぼ100パーセントを輸入に頼り、食料の自給率は40パーセントに満たない。だが、そんな日本にも鉄や銅、レアメタルなどが豊富に採れる世界屈指の鉱山が存在する。

その鉱山の名は「都市鉱山」。これは、石炭や鉄鉱石などが産出する一般的な「自然鉱山」とは異なり、小型の家電や電子機器といった使用済み廃棄物の部品に含まれる資源を鉱山に見立てたものである。

都市鉱山は自然鉱山に比べて効率がよいのが特徴で、金鉱石1トンに対して5グラム程度しか産出しない金が、都市鉱山の使用済み携帯電話1トンからは280グラムも採取できる。

では、具体的にどれくらいの鉱物資源が採れるのか。

全世界の都市鉱山の埋蔵量に対する日本の埋蔵量割合を見ると、インジウム61パーセント、銀22パーセント、金16パーセント、鉛10パーセントとなっており、これらはどれも世界1位を誇る。そのほかプラチナ、銅、タンタルが世界3位にランクされ、再利用可能な鉱物資源の埋蔵量に関しては、日本が世界一になる。日本は隠れた資源大国だったのである。

★★★レアメタルを取り出すにはさまざまな問題点が★★★

ただし、都市鉱山を資源として本格的に利用するには、技術的および経済的な問題をクリアしなければならない。

都市鉱山からレアメタルを取り出す場合、使用済み廃棄物を回収し、分別・解体したうえで精錬することになるが、レアメタルのリユースやリサイクルを成功させるには、通常よりも高度な技術が必要になる。

レアメタルを採取するにしても、使用済み廃棄物を手作業で分解することになるので、当然ながらコストも高まる。そのため、銅や鉄といった大量に使用されていて、なおかつ簡単に取り出せるものしかリサイクルされていないというのが現状だ。

しかしながら、日本のような資源小国にとって、都市鉱山は魅力的な資源に違いない。国や政府が長い目で見て技術を確立させることが望まれる。

木材

1秒でサッカー場1面分の森林が消えているって本当!?

★★★森林消失はなぜ起こるのか?★★★

「地球では1秒間にサッカー場1面分の緑が消えている」

クラウス・テプファー国連環境計画事務局長によるこの発言は、世界中の人々に衝撃を与えた。

FAO(国連食糧農業機関)によると、1990〜2000年までの10年間に世界中で約1億ヘクタールの森林がなくなり、2000〜2005年の5年間に南米で年間430万ヘクタール、アフリカで400万ヘクタール、オセアニアと北中米で35万ヘクタールの森林がなくなったという。

その状況を国別に見てみると、ブラジル、中国、インドネシア、スーダン、ザンビア、メキシコ、コンゴ民主共和国(旧ザイール)、ミャンマーなどに大規模な森林の消失が集中している。

このように、近年凄まじい勢いで森林資源が消失し続けている原因としては、違法伐採や農地にするための開墾《かいこん》、山火事などが考えられる。

そのなかでもっとも深刻な問題は、違法伐採である。国際的な環境保護団体グリーンピースによると、ロシア産の2割、インドネシア産の5割以上が違法に伐採された木材なのだという。

環境保護への関心の高まりとともに、最近はかつてのように自由に森林を伐採することができなくなった。供給不足は木材価格の上昇を呼び、それが人々を利益優先の違法伐採に駆り立てている。東南アジアやアフリカ地域では、賄賂《わいろ》で役人を買収して保護林の伐採許可をもらったり、違法伐採を見逃してもらったりといった不正が横行していて、違法伐採はなかなかなくならない。

一方、世界最大の熱帯林のあるアマゾン地域では、森林を伐採して農園や畑に変えようとする動きが活発化している。開墾を進めるのは、バイオエタノールの原料になるサトウキビ栽培を行なうためであったり、家畜の飼料として需要が急増している大豆をつくるためである。

アマゾンの熱帯林は2003年までに日本の面積の約1・75倍にあたる約6500万ヘクタールが消失したが、その後さらに年間100～250万ヘクタールのペースで森林が破壊されている。

★★★森林がなくなると何が起こるのか？★★★

森林は「緑のダム」と呼ばれることからもわかるように、山崩れや土石流といった自然災害を予防したり、二酸化炭素を吸収したり、生物の棲み家《すか》になるなどの役割をもつ。

中国では1998年に大洪水が起こり、約500万戸が倒壊したが、これは上流での森林伐採が原因だったといわれる。森林をないがしろにして経済的利益だけを求めた結果、被害の拡大を招いたのである。中国は当時の反省からおもな河川沿いでの伐採を禁止し、農耕地をふたたび森林へと戻している。

ロシアやインドネシアから大量の木材を輸入している日本にも、今後は違法伐採による木材は買わないなど、森林保護に向けた断固とした姿勢が求められる。また、日本はひとりあたりの年間紙消費量が247キログラム（発展途上地域では平均20キログラム）で、世界2位の紙消費国だ。紙の原料であるパルプは木からつくられている。今後は無駄な紙の使用は控えるなどの努力が必要だろう。

経済的利益を優先させるあまり、貴重な森林資源を減らしてはいけない。森林は再生可能な資源なのだから、消費と保護のバランスを考慮して利用するべきだろう。

森林面積の変化率と木材の需給

北アメリカ
かつて原生林から木材を産出していたアメリカだが、最近は原生林の減少が著しいため、人工林を利用したり、カナダからの輸入に頼っている
ユーラシア
森林は豊富だが、最近はロシアから中国向けの輸出が激増。中国は世界一の木材輸入国になった。一方、中国は自国の植林・緑化にも積極的
アフリカ
農地が不足しているせいで焼畑による開墾が止まらない。政府が保護林に指定しても、役人に賄賂を渡すと勝手に伐採を許してしまうケースもある
南アメリカ
かつては材木用にアマゾンの熱帯林を伐採していたが、近年はバイオエタノール用の穀物をつくる目的で森林破壊が続いている
東南アジア
インドネシア、マレーシアは日本の木材輸入の主力だが、近年は枯渇が著しい。日本向けの木材のなかには違法伐採されたものも少なくない
0.5%以上減少した地域
0.5%以上増加した地域
0.5%以下の増減があった地域

遺伝資源

自然保有国に求められる
環境保護の必要性

★★★遺伝子も立派な資源である★★★

生物の遺伝子は独自の機能をもつものが多く、医学や生物工学に利用することで人類に有用となるケースもある。そういった意味では、遺伝子は立派な資源であり、古くからその取り扱いに関する国際ルールが定められてきた。

だが、1993年に発効した「生物多様性条約」は、従来の考え方を180度転換させるものとなった。「遺伝資源は人類共通の財産」という認識がこの条約によってひっくり返り、原産国の権利が認められるようになったのである。

たとえば、ある植物の原種を利用する場合は原産国に対して事前に同意を得なければならず、また、その原種によって利益を得た場合は原産国にも配分しなければならない。もっとも、現在はこれを規定したガイドラインに法的拘束力がないため、原産国側から先進国に対して早く制定してほしいとの要望が出されている。

なお、生物多様性条約のなかには、栽培植物の原種保護だけでなく、家畜などの系統保護、野生生物の地域個体群保護なども含まれている。

★★★ 熱帯林は新薬開発の宝庫 ★★★

遺伝資源としてとくに貴重とされているのが、熱帯林の植物である。たとえば、アマゾン河流域に住む人々ははるか昔から独自の医療技術を培《つちか》ってきた。その技術には熱帯林の生物がもつバイオパワーを利用したものが多く、欧米の製薬会社や研究会社がそれに目をつけた。そして住民から情報を得て植物を採取し、新薬開発の参考にしたのである。

しかしながら、生物多様性条約以前は、こうした経緯を経て開発された新薬の利益がアマゾンの住民たちに還元されることはなかった。そこで、近年ブラジル政府はアマゾンの遺伝資源を国外へもち出すことを禁止したのだ。もち出す場合には特許料の支払いを求めている。だが、前述のように生物多様性条約には法的拘束力がないため、毎年100億ドルもの損失を被っている。

現在、法的拘束力のある国際的枠組みを策定することの是非をめぐって、交渉が行なわれている。しかし、今後の成り行きはまだ不透明なままだ。

【参考文献】

●下記の文献等を参考にさせていただきました。

『Q&A　食べる魚の全疑問』高橋素子著　成瀬宇平監修、『サバがトロより高くなる日』井田徹治、『ダイヤモンドの科学』松原聰（以上、講談社）／『ひと目でよくわかる　世界の紛争地図』ロム・インターナショナル、『無関心では、すまされない　石油気になる大疑問』社会情報リサーチ班編（以上、河出書房新社）／『コーヒーが廻り世界史が廻る』臼井隆一郎（中央公論社）／『「水」戦争の世紀』モード・バーロウ　トニー・クラーク著　鈴木主税訳（集英社）／『SAPIO　2008年6月25日号』（小学館）／『新・民族の世界地図』21世紀研究会編（文藝春秋）／『「温暖化」を食いものにする人々』別冊宝島編集部編、『別冊宝島　食品のからくり6　輸入食品の真実!!』小倉正行、『別冊宝島「温暖化」を食いものにする人々』、『立食いソバ1杯が1000円になる日』門倉貴史＋ニッポン食クライシス取材班（以上、宝島社）／『もっと早く受けてみたかった「国際政治の授業」』蟹瀬誠一、『食が危ない！』河上多恵子（以上、PHP研究所）／『金属のふしぎ』齋藤勝裕（ソフトバンククリエイティブ）／『資源世界大戦が始まった』日高義樹、『週刊ダイヤモンド』、『勃発！エネルギー資源争奪戦』ダイヤモンド社編（以上、ダイヤモンド社）／『Newton』（ニュートンプレス）／『水戦争』柴田明夫、『毎日が発見』（以上、角川SSコミュニケーションズ）／『「対テロ戦争」とイスラム世界』板垣雄三編、『エビと日本人2』村井吉敬、『世界森林報告』山田勇（以上、岩波書店）／『［緊急改訂］知られていない原油価格高騰の謎』芥田知至（技術評論社）／『これから食えなくなる魚』小松正之、『世界一身近な世界経済入門』門倉貴史（以上、幻冬舎）／『レアメタル・パニック』中村繁夫（光文社）／『図解　バイオエタノール最前線　改訂版』大聖泰弘　三井物産株式会社編（工業調査会）／『世界経済30分でまるわかり　2008年版』高橋進監修（高橋書店）／『日本の水資源　平成19年版』国土交通省土地・水資源局水資源部編（佐伯印刷）／『Newsweek』、『世界新資源戦争』宮崎正弘（以上、阪急コミュニケーションズ）／『コーヒー、カカオ、コメ、綿花、コショウの暗黒物語』ジャン＝ピエール・ボリス著　森昌宏訳、『［改訂版］世界の民族地図』高崎通浩（以上、作品社）／『「今のＢＲＩＣｓ」がわかる本』財部誠一（三笠書房）／『21世紀のエネルギー地政学』十市勉、『資源小国ニッポンの挑戦』産経新聞東京経済部編著（以上、産経新聞出版）／『図解入門　よくわかる最新バイオ燃料の基本と仕組み』井熊均バイオエネルギーチーム、『図解入門　よくわかる最新レアメタルの基本と仕組み』田中和明（以上、秀和システム）／『【図解】まるわかり時事用語　２００７―２００８年版』ニュース・リテラシー研究所（新星出版社）／『対立からわかる！［最新］世界情勢』六辻彰二（成美堂出版）／『「核」の世界地図』浅井信雄監修、『クジラと日本人』小松正之、『図解　資源の世界地図』永濱利廣鈴木将之編（以上、青春出版社）／『宝石の歴史』パトリック・ヴォワイヨ著　ヒコ・みずの監修遠藤ゆかり訳（創元社）／『アフリカ世界を読む』中津孝司（創成社）／『週刊大衆』（双葉社）／『ダイヤモンド』マシュー・ハート著　鬼澤忍訳（早川書房）／『地図で読む世界情勢　第１部　なぜ現在の世界はこうなったか』ジャン＝クリストフ・ヴィクトルほか　鳥取絹子訳（草思社）／『世界を動かす原油のことが面白いほどわかる本』白水和憲、『燃料電池のすべてが面白いほどわかる本』御堀直嗣著　有野篤イラスト（以上、中経出版）／『週刊エコノミスト』（毎日新聞社）／『食糧がなくなる！本当に危ない環境問題』武田邦彦、『石油がわかれば世界が読める』瀬川幸一編（以上、朝日新聞出版）／『メタル・ウォーズ』谷口正次、『週刊東洋経済』（以上、東洋経済新報社）／『おもしろサイエンス　貴金属の科学』菅野照造監修　貴金属と文化研究会編著、『トコトンやさしい石油の本』藤田和男監修　難波正義井原博之　島村常男　箭内克俊編著、『トコトンやさしい鉄の本』菅野照造監修　鉄と生活研究会編著、『おもしろサイエンス　レアメタルの科学』山口英一監修　レアメタルと地球の研究会編著（以上、日刊工業新聞社）／『日経Ｋｉｄｓ＋』（日経ＢＰ社）／『日本の食卓からマグロが消える日』星野真澄（日本放送出版協会）／『クリーンエネルギー社会のおはなし』吉田邦夫（日本規格協会）／『石油を読む』藤和彦、『最新キーワードでわかる！日本経済入門』三菱総合研究所編（以上、日本経済新聞出版社）／『〈イラスト図解〉コメのすべて』有坪民雄、『よくわかる「いま」と「これから」農業と食料のしくみ』藤岡幹恭 小泉貞彦（以上、日本実業出版社）／『絵でみる 金属ビジネスのしくみ』馬場洋三、『絵でみる 食糧ビジネスのしくみ』柴田明夫監修 榎本裕洋 安部直樹（以上、日本能率協会マネジメントセンター）／『「タブー」の世界地図帳 08年版』世界情勢を読む会編著（日本文芸社）／『コーヒー博物誌』伊藤博、『森林入門』豊島襄（以上、八坂書房）／『地球環境「危機」報告』石弘之（有斐閣）／『地球炎上 オイル・クラッシュ』茂田滄海（論創社）／『現代世界の資源問題入門』岩淵孝（大月書店）／『環境問題を知りつくす本』山本茂監修（インデックス・コミュニケーションズ）／『ＴＲＩＮＩＴＹ』（エルアウラ）／『水素エネルギーがわかる本』市川勝（オーム社）／『検証 港から見た食と農』柳澤尚 兵庫県労働運動総合研究所協力（クリエイツかもがわ）／『手にとるようにわかるインド』門倉貴史（かんき出版）／『エネルギー白書 ２００８年版』経済産業省編（ぎょうせい）／山陽新聞／四国新聞／西日本新聞／朝日新聞／東京新聞／読売新聞／北海道新聞／毎日新聞

【ホームページ】

㈶環境情報普及センター／㈳日本アルミニウム協会／㈳日本鉄鋼連盟／All About／Alter Trade Japan／ＢＲＩＣｓ辞典／Fuji Sankei Business i.／GREENPEACE JAPAN／㈱日本ビジネスプレス／Ｊ・ＣＡＳＴニュース／Ｒ25／ＭＳＮ産経ニュース／ＮＧＯピースウィンズ・ジャパン／首相官邸／ＮＨＫオンライン／Nikkei Siam Aluminium Limited／nikkei BPnet／あとみん―原子力・エネルギー教育支援情報提供サイト―／スポーツニッポン／マツモトキヨシ／マルサンアイ㈱／ロイター／外務省／環境省／宮崎正弘の国際ニュース・早読み／㈳共同通信社／Ｎｅｔ・ＩＢ九州企業特報／経済産業省資源エネルギー庁／田中宇の国際ニュース解説／㈱道祖神／日経エコロミー／日経サイエンス／日経ビジネスオンライン／日本テレビ／㈶日本鯨類研究所／日本伸銅協会／日本製粉㈱／日本捕鯨協会／ＺＡＫＺＡＫ

著者紹介
世界博学倶楽部（せかいはくがくくらぶ）
歴史、文化・情報、暮らしの知恵まで幅広く調査・研究し、発表することを目的とした集団。とくに世界の歴史的事件に関して、通説にとらわれず、新説、伝承・伝説などの見地からも鋭く考察を加えることに定評がある。
主な著書に『世界史迷宮入り事件ファイル』『英語なるほど雑学事典』『都市伝説王』『世界の「美女と悪女」がよくわかる本』『古今東西「奇想建築」ミステリー』『「古代遺跡の謎」未解決ファイル』（以上、ＰＨＰ文庫）、『［図解］世界なるほど地図帳』『［図解］「世界の七不思議」ミステリー』『空から眺める「世界遺産」』『「世界の名画」隠されたミステリー』『［図解］「世界の財宝」ミステリー』（以上、ＰＨＰ研究所）などがある。

本書は、書き下ろし作品です。

PHP文庫 日本と世界の実力がわかる資源の本
マグロ、石油、レアメタルから環境技術まで

2009年6月17日 第1版第1刷

著 者 世界博学倶楽部
発行者 江口克彦
発行所 PHP研究所
東京本部 〒102-8331 千代田区三番町3番地10
文庫出版部 ☎03-3239-6259(編集)
普及一部 ☎03-3239-6233(販売)
京都本部 〒601-8411 京都市南区西九条北ノ内町11
PHP INTERFACE http://www.php.co.jp/
制作協力
組 版 PHPエディターズ・グループ
印刷所
製本所 凸版印刷株式会社

ISBN978-4-569-67294-6

PHP文庫

菅原万美　お嬢様ルール入門
鈴木秀子　9つの性格
スーザン・ヘイワード 編　山川紘矢／山川亜希子 訳　聖なる知恵の言葉
世界博学倶楽部　「世界地理」なるほど雑学事典
関　裕二　大化改新の謎
関　裕二　壬申の乱の謎
瀬島龍三　大東亜戦争の実相
全国データ愛好会　47都道府県なんでもベスト10
曾野綾子　人は最期の日でさえやり直せる
大疑問研究会　大人の新常識520
太平洋戦争研究会　日本海軍がよくわかる事典
太平洋戦争研究会　日本陸軍がよくわかる事典
太平洋戦争研究会　日露戦争がよくわかる本
多賀一史　日本海軍艦艇ハンドブック
多湖　輝　しつけの知恵
高嶋秀武　話のおもしろい人、つまらない人
髙嶌幸広　話し方上手になる本
髙嶌幸広　「話す力」が身につく本
高野　澄　井伊直政
高橋安昭　会社の数字に強くなる本

高橋勝成　ゴルフ最短上達法
高橋克彦　風の陣［立志篇］
高宮和彦 監修　健康常識なるほど事典
財部誠一　カルロス・ゴーンは日産をいかにして変えたか
田口ランディ　ミッドナイト・コール
匠　英一 監修　「しぐさと心理」のウラ読み事典
田坂広志　仕事の思想
田島みるく 文／絵　お子様ってやつは
田島みるく 文／絵　「出産」ってやつは
立石　優　范《はん》蠡《れい》
立川志の輔 選・監修　PHP研究所 編　古典落語100席
田中澄江　「しつけ」の上手《うま》い親・下手な親
田中鳴舟　みるみる字が上手くなる本
谷口克広　目からウロコの戦国時代
谷沢永一　渡部昇一　孫子・勝つために何をすべきか
田原　紘　目からウロコのパット術
田原　紘　ゴルフ下手が治る本
田辺聖子　恋する罪びと
丹波　元　京都人と大阪人と神戸人
丹波　元　まるかじり礼儀作法

柘植久慶　日露戦争名将伝
デニース・スコフィールド　小谷啓子 訳　少しの手間できれいに暮らす
童門冬二　「情」の管理・「知」の管理
童門冬二　上杉鷹山の経営学
童門冬二　男の論語（上）（下）
戸部民夫　「日本の神様」がよくわかる本
ドロシー・ロー・ノルト／レイチャル・ハリス　石井千春 訳　子どもが育つ魔法の言葉
ドロシー・ロー・ノルト　石井千春／武者小路実昭 訳　子どもが育つ魔法の言葉 for the Heart
中江克己　お江戸の意外な生活事情
中江克己　お江戸の地名の意外な由来
永崎一則　人はことばに励まされ、ことばで鍛えられる
永崎一則　話力をつけるコツ
中島道子　松平忠輝
中曽根康弘　石原慎太郎　永遠なれ、日本
中谷彰宏　入社3年目までに勝負がつく77の法則
中谷彰宏　なぜ彼女にオーラを感じるのか
中谷彰宏　自分で考える人が成功する
中谷彰宏　時間に強い人が成功する
中谷彰宏　大学時代しなければならない50のこと
中谷彰宏　なぜあの人にまた会いたくなるのか

PHP文庫

中谷彰宏　「大人の女」のマナー
中谷彰宏　なぜ、あの人は「存在感」があるのか
中谷彰宏　人を動かせる人の50の小さな習慣
中谷彰宏　一日に24時間もあるじゃないか
中西　安　数字が苦手な人の経営分析
中西輝政　大英帝国衰亡史
中村昭雄 監修 造事務所 著　図解 政府・国会・官公庁のしくみ
中村　晃　児玉源太郎
中村祐輔 監修　遺伝子の謎を楽しむ本
中村幸昭　マグロは時速160キロで泳ぐ
中村義作 編 阿邊恵一 著　知って得する！速算術
中山庸子　「夢ノート」のつくりかた
奈良井安　「問題解決力」がみるみる身につく本
西野武彦　「株のしくみ」がよくわかる本
西本万映子　「就職」に成功する文章術
日本博学倶楽部　「歴史」の意外な結末
日本博学倶楽部　「関東」と「関西」こんなに違う事典
日本博学倶楽部　雑学大学
日本博学倶楽部　歴史の意外な「ウラ事情」
日本博学倶楽部　戦国武将・あの人の「その後」

日本博学倶楽部　幕末維新・あの人の「その後」
日本博学倶楽部　日露戦争・あの人の「その後」
野村敏雄　小早川隆景
野村敏雄　秋山好古
葉治英哉　松平容保
秦　郁彦 編　ゼロ戦20番勝負
服部英彦　「質問力」のある人が成功する
服部省吾　戦闘機の戦い方
服部隆幸　[入門]ワン・トゥ・ワン・マーケティング
花村　奨　前田利家
バーバラ・コロローソ 田栗美奈子 訳　子どもに変化を起こす簡単な習慣
羽生道英　伊藤博文
浜尾　実　子供を伸ばす一言、ダメにする一言
浜野卓也　黒田官兵衛
晴山陽一　TOEIC®テスト英単語 ビッグバン速習法
半藤一利　レイテ沖海戦
半藤一利／秦 郁彦／横山恵一　日本海軍 戦場の教訓
半藤末利子　夏目家の糠《ぬか》みそ
PHPエディターズ・グループ　図解「パソコン入門」の入門
日野原重明　いのちの器〈新装版〉

平井信義　親がすべきこと・してはいけないこと
平井信義　子どもを叱る前に読む本
平川陽一　世界遺産・封印されたミステリー
平川陽一　古代都市・封印されたミステリー
福井栄一　上《かみ》方《がた》学
福島哲史　「書く力」が身につく本
福田　健　「交渉力」の基本が身につく本
藤井龍二　「ロングセラー商品」誕生物語
藤原美智子　「きれい」への77のレッスン
藤本義一／丹波　元　大阪人と日本人
北條恒一　〈改訂版〉「株式会社」のすべてがわかる本
保坂　隆 監修　「プチ・ストレス」にさよならする本
保阪正康　昭和史がわかる55のポイント
保阪正康　父が子に語る昭和史
星　亮一　浅井長政
本間正人　「コーチング」に強くなる本
毎日新聞社　話のネタ
マザー・テレサ 著 ホセ・ルイス・バラド 編 渡辺和子 訳　マザー・テレサ 愛と祈りのことば
ますいさくら　「できる男」「できない男」の見分け方
ますいさくら　「できる男」の口説き方